Mes premiers pas avec Christ

Catéchisme pour les nouveaux membres de l'Eglise du Nazaréen

Théodore Esselstyn

Editions Foi et Sainteté
Lenexa, Kansas (E.U.A.)

L'édition originale de ce live a été publiée sous le titre anglais : *Following Jesus Together.*

P.O. Box 1288 Florida 1710 (Afrique du Sud)

Sauf indication contraire, les citations bibliques sont tirées de la Bible Louis Segond, édition 1910.

ISBN : 978-1-56344-468-5

Diffusion en Afrique francophone par
Publications Nazaréennes d'Afrique
B.P. : 5675 Dakar Fann
Sénégal

Diffusion en Amerique du Nord par
Éditions Foi et Sainteté
17001 Prairie Star Parkway
Lenexa, KS 66220

Traduction par Anna Diatta
Photo de Couverture par Hilde Vanstraelen

AVANT-PROPOS DE L'EDITION ANGLAISE

Je me souviens encore de cette assemblée de district au cours de laquelle j'appris que dans les églises locales en Afrique, les classes de membres s'étalaient sur toute une année.

Je m'en suis rendu compte après avoir suggéré à l'assemblée, cette année-là, d'accueillir un groupe de nouveaux nazaréens dans la famille. Un pasteur parmi les plus anciens fit remarquer que ce n'était pas possible car ce n'est qu'après une période de probation de douze mois de cours complets qu'un nouveau converti pouvait devenir un nazaréen.

Cette situation me poussa à réfléchir et discuter avec quelques personnes sur la possibilité d'une formation en trois mois pour les nouveaux membres. Cette formation serait basée sur un catéchisme adapté, reposant sur des priorités spirituelles, organisationnelles et éthiques claires et pourrait être couplée avec une formation pastorale intensive de trois mois.

Il faut battre le fer pendant qu'il est chaud et malléable. Des études sur la croissance de l'église ont démontré que les premiers mois suivant la conversion constituent la période propice pour mener les nouveaux convertis à la stabilité spirituelle parce que la joie est « indescriptible » et la nouvelle vie commence à prendre forme à ce moment là. C'est comme la naissance d'un enfant – les enfants sont plus malléables quand ils sont petits et moins quand ils deviennent grands, c'est-à-dire que le jeune arbre deviendra un jour un tronc d'arbre.

En poussant plus loin mes recherches, j'ai découvert qu'un catéchisme qui dure douze mois, en plus d'être long et routinier, tendrait à démotiver le nouveau converti et à disperser son énergie au lieu de libérer la personnalité manifestée dans la liberté et la paix qu'il a trouvées dans la nouvelle naissance.

Lorsque nous discutions de ce sujet entre leaders, nous avions le sentiment que nul n'était plus qualifié que le Dr Théodore Esselstyn, à cette époque, directeur du service Education pour la Région Afrique, pour rédiger un catéchisme conçu pour les nouveaux nazaréens en Afrique.

Le Dr Esselstyn est non seulement un éducateur hautement qualifié, mais il a aussi grandi en Afrique; ce qui lui confère une grande aptitude à comprendre les cultures africaines ainsi que leurs modes de vie et à faire la distinction entre ce qui est essentiel et ce qui ne l'est pas.

En présentant cette édition de catéchisme de l'Eglise du Nazaréen, nous remercions le Dr Esselstyn pour ses travaux en souhaitant que tous nos pasteurs, leurs congrégations respectives et plus particulièrement les nouveaux chrétiens, recevront l'aide qu'ils recherchent et pour laquelle nous œuvrons.

J'espère que ce livre deviendra un puissant instrument entre les mains de notre peuple pour la gloire du Seigneur.

— Richard Zanner

Directeur régional émérite
de l'Eglise du Nazaréen en Afrique

PREFACE DE L'AUTEUR

L'Eglise du Nazaréen en Afrique a connu une grande croissance depuis la parution de la première édition de ce livre. L'église internationale aussi a grandi et s'est développée. Il est nécessaire d'actualiser la plupart des statistiques et de clarifier toutes les présentations qui ne le sont pas.

Le but de notre catéchisme reste cependant de fournir aux catéchistes un support didactique. Il doit être enseigné en **onze leçons** de **45 minutes** chacune. Le pasteur peut introduire une leçon par semaine pendant trois mois, ou choisir de faire plusieurs leçons en même temps pour raccourcir le nombre de semaines nécessaires aux cours.

Notre intention est d'aider les futurs membres à comprendre le fonctionnement de l'église et aussi à savoir comment vivre, travailler efficacement et participer au développement de cette église. En général, il y a la présentation des préceptes de l'Eglise du Nazaréen. Un bref exposé de l'histoire de l'église aide les nouveaux membres à comprendre l'origine des doctrines essentielles de l'Eglise du Nazaréen ainsi que ses rapports avec les autres églises chrétiennes. Toutes les questions liées à l'éthique et auxquelles sont confrontés les nazaréens locales sont également présentées sans oublier le modèle de culte et d'organisation de la dénomination. L'Eglise du Nazaréen croit que Dieu nous demande de faire la différence dans le monde. Nous devons suivre Jésus, ensemble et vivre par la puissance de son Esprit Saint. Le christianisme n'est pas un ensemble de croyances; il est plutôt un mode de vie positif et victorieux.

Ce livre sur le catéchisme a été édité à la demande du conseil consultatif régional de l'Eglise du Nazaréen en Afrique. Il représente le travail de plusieurs personnes ayant assisté à la collecte, à la sélection et à l'évaluation d'informations. Ces personnes ont également préparé le matériel d'impression pour l'édition.

— Dr Theodore T. Esselstyn

Ancien directeur des services de l'éducation
Eglise du Nazaréen en Afrique

CHAPITRE 1
L'EGLISE DU NAZAREEN

Qu'est-ce que l'Eglise du Nazaréen ?

L'Eglise du Nazaréen est une famille de croyants qui se rassemble pour adorer le Seigneur, pour le servir et lui ressembler.

La communauté nazaréenne est présente dans plus de 151 pays du monde. C'est à Lenxa dans le Kansas aux Etats-Unis que se trouve le siège international de l'Eglise du Nazaréen.

Qui sont les nazaréens ?

Toute personne qui se joint l'Eglise du Nazaréen témoigne d'une expérience du salut et recherche la présence intérieure de l'Esprit Saint. De plus, les nazaréens affirment qu'ils soutiendront l'église par tous les moyens afin de l'aider à accomplir sa mission.

Le résultat est que les nazaréens ont demandé pardon à Dieu. Ils se sont détournés du mal pour faire le bien. Ils désirent confier leur vie à l'Esprit Saint pour qu'il les guide vers une vie épanouie et féconde. Mais ceci demande un engagement personnel envers Dieu. Ainsi, l'Esprit Saint rendra leur volonté conforme à celle de Dieu.

Quels sont les caractères des nazaréens ?

L'alliance du caractère chrétien du *Manuel de l'Eglise du Nazaréen* comprend une brève déclaration concernant les trois caractères essentiels des nazaréens :

1. Eviter le mal sous toutes ses formes
2. Chercher à faire le bien
3. Demeurer dans une communion cordiale avec l'église

La Bible (Galates 5.22) souligne les caractères essentiels pour nous, les décrivant comme le fruit de la présence du Saint-Esprit dans une vie. Ces caractères sont : l'amour, la joie, la paix, la patience, la bonté, la bénignité, la fidélité, la douceur et la maîtrise de soi. Voilà la description d'une personne.

Les agissements d'une personne se définissent à son caractère. La Bible souligne fréquemment que nous sommes des serviteurs. Philippiens 2.1-11 nous rappelle que nous devons avoir « l'esprit du Christ » (l'intention de servir Dieu et notre prochain). Jésus nous rappelle que lorsque nous servons les pauvres, c'est lui-même que nous servons (Matthieu 25.31-46).

La prière, l'adoration et le service deviennent plus efficaces quand tous s'accordent ensemble. L'unité est essentielle dans l'église. En effet, chaque membre a le devoir de participer selon ses aptitudes pour soutenir sincèrement l'action de l'église, soit dans le service, soit par une assistance financière.

Quel est le but des nazaréens ?

Nous croyons que Dieu a édifié l'Eglise du Nazaréen pour enseigner aux chrétiens qu'ils peuvent et doivent mener une vie active et positive afin de vaincre le péché par la puissance de l'Esprit agissant en eux.

C'est ce que John Wesley appelait «la perfection chrétienne». C'est un message positif qui apporte l'espérance, la réconciliation, l'harmonie et la communion, car il est basé sur la relation entre Dieu et l'individu. Une telle relation est fondamentale pour l'établissement de relations saines dans la famille, le voisinage et la société. Elle est aussi fondamentale pour développer l'estime de soi.

Pourquoi les nazaréens ont-ils un manuel?

Le *Manuel de l'Eglise du Nazaréen* est rédigé par l'Assemblée générale de l'église. Une nouvelle édition est publiée après chaque assemblée quadriennale. Il comprend la constitution de l'église composée d'un bref exposé historique, les croyances et les règles de conduite approuvées ainsi que des normes pour l'adhésion. Une première partie explique les traditions pour les sacrements et les rituels de l'église et une autre établit les critères pour entrer dans le ministère. La partie la plus considérable du manuel concerne les réglementations administratives des trois niveaux d'organisation de la dénomination: au niveau locale, du district, et au niveau général.

En fait, les nazaréens du monde entier peuvent coordonner leurs activités sous la conduite du *manuel* car cela est nécessaire au corps de Christ.

Comment est née l'Eglise du Nazaréen?

Officiellement, l'Eglise du Nazaréen est née en 1908, dans la ville de Pilot-Point au Texas (Etats-Unis). Elle résulta d'une fusion de plusieurs églises nord-américaines qui partagèrent la même préoccupation pour la vie de sainteté.

Au XVIIIème siècle, le pasteur John Wesley et les premiers méthodistes firent prendre conscience à l'église d'Europe et d'Amérique de l'exigence fondamentale d'une vie chrétienne dominée par l'Esprit Saint. Cette initiative fut renforcée et adaptée par des grands mouvements de réveil de la sainteté qui se sont ensuite répandus, au milieu du 19ème siècle, aux Etats-Unis et en Grande-Bretagne. Ceci donna naissance à une multitude de congrégations qui prônèrent la nécessité d'être rempli de l'Esprit Saint. L'objectif de ces congrégations fut la communion; elles se rassemblèrent en dénominations et associations. Deux courants émergèrent. Le premier mit l'accent sur la démonstration extérieur des dons spirituels et finit par donner naissance au mouvement de l'église pentecôtiste. Le second prônait la nécessité d'une transformation intérieure et donna naissance au mouvement de l'église de la sainteté, dont l'Eglise du Nazaréen qui représente la plus grande dénomination de ce mouvement. Au fil des années, plus de seize associations et dénominations fusionnèrent avec l'Eglise du Nazaréen. Le nom Eglise du Nazaréen fut utilisé pour la première fois par la congrégation de Los Angeles en Californie, dirigée par le Dr Phineas F. Bresee qui devint une figure prédominante des premières fusions.

Quels sont les traits distinctifs de la dénomination ?

La dénomination se distingue par plusieurs caractéristiques. La première est l'accent mis sur la sainteté; comment vivre dans la puissance de l'esprit de Dieu. La deuxième est l'impératif de le grand commandement missionaire qui est d'aller à travers le monde. Cet aspect est si essentiel dans le vécu de la sainteté que chaque groupe membre de la fusion avait des missionnaires qui servaient dans d'autres pays. Par conséquent, une *présence missionnaire* fut essentielle dès le début. La troisième concerne l'éducation des jeunes. Les institutions libérales du genre collège et université, en plus des instituts bibliques composaient essentiellement la plupart des églises en fusion. La quatrième est le mélange unique des styles de gouvernement hiérarchique et congrégationaliste. Ce mélange a donné naissance à l'organisation de la dénomination et a permis à celui-ci de s'ériger comme un bloc uni dans le monde.

Comment se déroule le culte des nazaréens?

On note une certaine diversité dans le culte des Eglises du Nazaréen partout dans le monde. La langue, les traditions, le port vestimentaire, la musique, les couleurs, les offrandes, le style de la prédication, l'architecture des édifices, la disposition de la plate-forme et des sièges peuvent être très différents. Ils sont largement déterminés par la culture et l'environnement.

Néanmoins, il y a des éléments communs essentiels. La prédication de la parole de Dieu est toujours au centre du culte. Pour confirmer cette réalité, la chaire est placée au centre de la plate-forme. Nous croyons que la prédication devrait être basée sur la Bible. C'est la parole de Dieu qui doit être proclamée. C'est sa parole qui est notre pain quotidien.

Le culte des nazaréens est évangélique. Il met l'accent sur la transformation et la croissance des fidèles. C'est pour cette raison que l'autel est toujours ouvert pour que nous puissions y rencontrer Dieu et y trouver le pardon et la rédemption de nos péchés, ou simplement parler librement avec Dieu. La prédication et la musique motivent le fidèle à entreprendre une telle action. L'objectif est de créer une différence positive dans la croissance du chrétien. Nous voulons vivre dans la droiture ici-bas et nous préparer pour le monde à venir. Le soutien des autres chrétiens de l'église est important pour nous.

La prière, la louange, la joie, l'action de grâce et le témoignage sont essentiels dans le culte. Les hymnes et chants de louanges ainsi que le témoignage personnel de l'œuvre de Dieu dans nos vies constituent une part vitale dans chaque culte. Les instruments de musique varient, mais là où ils n'existent pas, un grand nombre de nos églises internationales chantent sans aucun instrument.

Le culte nazaréen est toujours caractérisé par l'offrande. Nous croyons que tout ce que nous possédons appartient à Dieu. Nous sommes les gardiens de sa richesse et de sa création. Nous reconnaissons cela en lui consacrant un dixième (10%) de nos gains, soit en espèces, soit en nature. Le principe de la dîme est bien établi dans l'Ancien Testament (Lévitique 27 ; Deutéronome 12 ; Malachie 3), mais les Israélites l'ont transformé en une norme légale plutôt qu'en un acte d'adoration (Matthieu 23.23). Jésus a rétabli le principe de base en expliquant clairement que ce n'est pas seulement un dixième mais toutes nos possessions qui appartiennent à Dieu (Marc 8.34-38 ; Matthieu 25.14-30). Il demande que tous les chrétiens confient totalement leur vie à Dieu en prenant la croix pour participer à l'œuvre rédemptrice qu'il a inaugurée.

L'Eglise du Nazaréen s'oppose aux rituels et cérémonies dénués de sens qui suggéreraient que le christianisme est une religion de magie. Les robes et « uniformes d'église » sont rarement utilisés. Ni l'habit, ni les cérémonies ne peuvent rendre un homme saint. La Bible nous dit que la meilleure tenue et le meilleur sacrifice selon Dieu, c'est la sainteté du cœur et de la vie. Les bougies, l'encens, les crucifix et les rituels n'ont pas de place dans un tel culte. L'adoration est un temps de communion, d'écoute, de croissance, d'intercession et de louange. Elle engage l'être tout entier et non pas seulement les émotions. Une émotion excessive révèle parfois des propos incohérents et ne peut en aucun cas être considérée comme une marque de spiritualité, sinon comme une preuve de la faiblesse humaine.

En résumé, un bon culte chez les nazaréens est un culte où les croyants rencontrent Dieu et lui expriment leurs louanges, leur amour et leur dévotion ; où les non-croyants découvrent Dieu et vont à sa rencontre et où les croyants apprennent aussi à lui ressembler quotidiennement.

Quelles sont les croyances des nazaréens ?

La constitution de l'Eglise du Nazaréen comporte 16 articles de foi soigneusement soutenus par la Bible et une brève profession de foi aussi. Nous croyons :

1. En un seul Dieu, le Père, le Fils et l'Esprit Saint.

2. Que les écritures de l'Ancien et du Nouveau Testaments, données par inspiration plénière, contiennent toutes les vérités nécessaires à la foi et à la vie chrétiennes.

3. Que tout être humain est né avec une nature corrompue et qu'il est, par conséquent, enclin au mal et cela continuellement.

4. Que les pécheurs qui meurent impénitents seront voués à la perdition éternelle sans aucun espoir.

5. Que l'expiation accomplie par Jésus-Christ s'applique à toute la race humaine. En effet, quiconque se repent et croit en Jésus-Christ, est justifié, régénéré et affranchi de la domination du péché.

6. Que les croyants doivent être entièrement sanctifiés, après leur régénération, par la foi en Jésus-Christ le Seigneur.

7. Que l'Esprit Saint rend témoignage de la nouvelle naissance et aussi de l'entière sanctification des croyants.

8. Que notre Seigneur reviendra, les morts ressusciteront et le jugement final aura lieu.

Quel est le mode de vie des nazaréens?

Un nazaréen comprend que le christianisme est un mode de vie. Ce mode de vie a été résumé par Jésus-Christ en un seul mot: l'amour. « Si vous m'aimez, gardez mes commandements, » dit Jésus en Jean 14.15. L'obéissance à Dieu, la loyauté à son corps l'église, la responsabilité envers nous-mêmes, envers notre famille et notre nation résultent de cet amour.

En clair, ceci signifie que les nazaréens assistent régulièrement aux cultes de l'église, s'adonnent à la prière et à la lecture de la Bible et cherchent à servir dans l'église locale. Les nazaréens cherchent aussi à être des serviteurs loyaux dans leur profession, leur communauté et leur pays. Ils ont l'assurance que le salut est le don gratuit de Dieu pour nous donner la vraie vie. On ne peut l'acheter ni avec des bonnes œuvres, ni par une adhésion à l'église, ni par le baptême.

La vie du nazaréen est une marche avec Dieu dans le monde actuel et aussi, la recherche en avant d'une marche progressive avec Dieu pour l'éternité.

CHAPITRE 2
NOTRE FOI EN DIEU

Où commence notre relation avec Dieu?

«Car il faut que celui qui s'approche de Dieu croit que Dieu existe et qu'il est le rémunérateur de ceux qui le cherchent» (Hébreux 11.6). Notre relation avec Dieu commence lorsque nous croyons en lui. C'est une relation de foi. Nous acceptons simplement qu'il est présent, qu'il prend soin de nous. Ensuite, nous agissons selon cette croyance. En tant que nazaréens, notre foi en de Dieu s'exprime dans les trois premiers articles de foi du *manuel.* Vous devriez les lire tout en suivant les explications de ce chapitre.

Croyons-nous en un seul Dieu?

Dans Deutéronome 6.4-5, nous lisons: «Ecoute, Israël! L'Eternel, notre Dieu, l'Eternel est un. Tu aimeras l'Eternel, ton Dieu, de tout ton cœur, de toute ton âme et de toute ta force». Il n'y a qu'un seul Dieu. Tous les autres «dieux» sont fabriqués par l'esprit et les mains de l'homme. Ils ne sont pas Dieu.

Quelles sont les limites de Dieu?

Dieu n'a aucune limite. Dieu ne mourra jamais. Il est plus grand, plus fort, plus remarquable, plus puissant que tout ce que l'esprit humain peut concevoir. Notre univers limité n'est pas un obstacle pour Dieu. Plutôt, il a crée l'univers en lui traçant des limites, sa structure, son fonctionnement, par son action créatrice. Nous utilisons les termes : infini et transcendant pour exprimer le concept que Dieu est illimité et plus grand que tout l'univers.

Quelle est la relation qui unit Dieu au monde ?

Dieu est le créateur. Son action créatrice a engendré la loi sur laquelle repose le monde. Dieu n'a pas abandonné le monde à son propre sort, mais il continue de le gouverner selon sa sagesse. Il a confié à l'homme le soin de diriger ce monde (Genèse 1.28). Jésus a promis que cette loi disparaîtra seulement à la fin du monde (Matthieu 5.18).

L'activité continue de Dieu dans le monde nécessite que nous utilisions beaucoup d'attributs pour décrire les différentes facettes de cette activité. Dieu est amour. Il est miséricordieux. Il nous traite avec justice. Il est bon. Dieu est aussi en colère quand nous agissons mal. Il corrige ceux qu'il aime. Il est aussi jaloux quand nous nous tournons vers d'autres dieux. Dieu n'est pas un gendarme prêt à nous emprisonner. Mais il est un véritable ami qui nous apporte son aide. Quand il vient faire sa demeure dans notre cœur, il érige un siège de miséricorde et non de jugement. Dieu vient pour nous apporter de l'aide et nous donner sa grâce.

Dieu ne nous a pas créés parce qu'il a besoin d'esclaves. A cet effet, Paul dit clairement en Actes 17.24-25 que Dieu n'a besoin de rien. Il est complet sans nous ; il est autosuffisant. Dieu nous a créés parce qu'il est généreux, affectueux ; c'est un bâtisseur et un créateur. Il n'est ni menaçant, ni cupide. Il aime être en communion avec nous.

A quoi ressemble Dieu ?

Dieu déclare qu'il est saint. C'est son premier caractère. Fondamentalement, cela signifie qu'il enveloppe la vérité, la justice, la miséricorde et l'amour dans toutes les dimensions de sa vie. Il domine la colère, la vengeance et le jugement dans tous leurs aspects. Bien qu'étant parfaitement conscient des déviations naturelles de l'homme, Dieu veut partager sa sainteté avec l'homme. Il a donné sa vie par Jésus-Christ afin que nous soyons libres de faire le bien. De sa sainteté, découlent son amour, sa justice et sa miséricorde. Dieu exprime sa miséricorde et son amour en laissant son amour et sa vérité, sa justice et sa miséricorde venir habiter dans notre cœur à travers l'Esprit Saint.

Jésus décrit Dieu comme notre Père

Dans Matthieu 6.9-13, Jésus enseigne l'une des plus riches images de Dieu à ses disciples, le « Notre Père ». Dieu est notre Père. Cette image montre clairement que Dieu se soucie de nous et nous fait devenir membres de sa famille. Il est notre supérieur, notre seigneur et maître, et celui à qui nous pouvons confier nos besoins, nos rêves et nos problèmes. Il attend de nous que nous grandissions et que nous nous épanouissions en nous prenant en charge nous-mêmes, tout comme un père attend ces choses de ses propres enfants.

Comment Dieu peut-il être trois personnes en une seule ?

C'est un mystère; une chose qui nous dépasse totalement parce que Dieu est au dessus de l'univers auquel nous appartenons. Dieu est un; il nous le dit souvent. (voir Deutéronome 6.5). Cependant, il a choisi de se révéler en trois personnes. Il est le Père, le Fils et l'Esprit Saint. Nous soutenons cette vérité car la Bible révèle clairement que Jésus est Dieu (Jean 1.17) et que l'Esprit Saint est Dieu (Romains 8.1-27; Ephésiens 3.14-21). Quand Dieu révèle son nom à Moïse dans Exode 3, il dit simplement ces mots: « Je suis celui qui suis ». Une illustration serait peut-être plus explicite. En pelant une banane, vous pensez en avoir qu'une seule. Mais, en pressant le bout de la banane, vous obtenez trois parties dans sa longueur. Alors, elle devient trois bien qu'une. Chaque partie est identique à l'autre. On ne peut même pas les différencier comme on pourrait le faire avec la feuille, la peau et le fruit que nous mangeons. Bien que Dieu soit certainement loin de ressembler à une banane, il est à la fois trois et une personnes aussi. En outre, les trois personnes sont le Dieu unique, prises ensemble, ou séparément. C'est pourquoi, tant de versets bibliques démontrent que nous avons les mêmes relations avec le Christ et avec l'Esprit Saint. Ils forment tous deux avec Dieu le Père le même Dieu (Romains 8.9-11; Galates 2.19, 3.14).

Jésus-Christ est-il Dieu?

Jésus est la preuve vivante de l'amour, de l'attention et de la miséricorde de Dieu. L'Evangile de Jean au chapitre 1 identifie Jésus au créateur et le présente comme la « Parole faite chair ». Voilà le miracle de Jésus (il est Dieu et il est homme). Il est impossible de diviser Jésus en une moitié divine et en une moitié humaine. Paradoxalement, il est à la fois pleinement Dieu et pleinement homme. Ici encore, une vérité révélée se pose dont nous n'avons pas l'explication. Nous savons qu'en Christ, Dieu se charge de nos problèmes, de nos limites, de nos souffrances, même de nos péchés et subit la mort physique que nous connaissons.

Qu'est ce que Jésus a fait pour l'homme?

Jésus a vécu, a connu la mort pour que nous ayons la vie. Dieu s'est fait homme pour laisser l'homme s'approcher de lui et prendre part à sa vie d'amour, de générosité et d'attention. Jean 3.16 est peut-être le verset de la Bible le plus connu, car il explique ce plan. Jésus est venu dans le monde afin que ceux qui croient en lui ne meurent point mais qu'ils aient la vie. Jésus, par ses œuvres et enseignements, nous a donné libre accès à la vie, à l'amour, à la vérité et à la connaissance. Comme il l'a dit: «Je suis le chemin, la vérité et la vie, nul ne vient au Père que par moi.» (Jean 14.6)

Jésus est-il vivant aujourd'hui?

Oui, Jésus est vivant aujourd'hui. Il a vaincu le péché et toutes les conséquences qui en résultent. Il est monté au ciel pour défendre notre cause et envoyer l'Esprit Saint pour demeurer avec nous. Grâce à cela, il est en mesure de nous accorder le salut. La mort n'a pas pu détruire Jésus. Dieu l'a ressuscité des morts (Philippiens 2.9). Telle est l'œuvre merveilleuse de Dieu. Par cet acte, Dieu est capable de transformer une personne et d'en faire une bénédiction pour beaucoup d'autres à condition que cette personne se donne entièrement à Dieu.

Que fait Jésus pour nous aujourd'hui?

Jésus intercède continuellement pour nous à la droite de Dieu. En effet, il est notre grand prêtre, toujours siégeant dans la présence intime de Dieu lui-même. Ainsi, il est en mesure d'intercéder pour nous, tout le temps.

L'Esprit Saint est-il Dieu ?

Oui, nous avons vu que Dieu est trinitaire, le Père, le Fils et l'Esprit Saint. Romains 8.1-27 et Ephésiens 3.14-21 montrent que la personne de l'Esprit Saint est également Dieu. L'Esprit Saint est la personne de Dieu qui œuvre avec nous et qui habite en nous.

Jésus disait qu'il devait retourner vers le Père pour que vienne l'Esprit Saint (Jean 16.7-14). Jésus-Christ, était limité par le fait qu'il avait choisi d'être un homme. Donc, il ne pouvait pas être avec chacun de nous. Puisque l'Esprit Saint ne connaît aucune limite, il peut s'occuper de tous les hommes où qu'ils soient. L'Esprit Saint est descendu sur les disciples de Jésus-Christ lors de la Pentecôte et une nouvelle relation entre Dieu et les hommes a été établie.

L'église, c'est-à-dire, les croyants, est au cœur de cette nouvelle relation. Dans l'Ancien Testament, nous voyons que Dieu a préparé son église lorsqu'il a élu son temple au milieu de son peuple et son esprit dans le temple. Les écrits des apôtres Paul et Jean expliquent que c'était le symbole de la présence de l'Esprit Saint dans le corps du croyant (1 Corinthiens 3.16; Jean 14-16).

Quelle est l'œuvre de l'Esprit Saint ?

L'Esprit Saint est Dieu à l'œuvre parmi les hommes. Il œuvre dans notre vie pour apporter la conviction du péché et l'encouragement vers la repentance. Lorsque nous nous repentons, l'Esprit vient en nous et apporte le pardon puis le sang du Christ dans notre vie. Ceci veut dire que lorsque nous recevons Christ dans notre cœur, nous recevons aussi l'Esprit Saint, qui va nous enseigner toutes choses.

L'Esprit nous guide et nous corrige; il nous encourage aussi à confier notre vie à Dieu. A mesure que nous confions notre vie à Dieu, l'Esprit accepte notre engagement, purifie notre cœur par la puissance du sang du Christ et nous remplit de la présence de Dieu. Ensuite, l'Esprit Saint en communion avec le Christ, accomplit notre salut et notre sanctification. Ainsi, l'Esprit Saint nous rend capables de vivre, jour après jour, une vie chrétienne victorieuse, en corrigeant nos déviations, en nous guidant dans la vérité. Pour nous aider à réparer nos erreurs et nous délivrer du péché, il développe en nous un esprit humble.

Comment l'Esprit Saint œuvre-t-il dans ma vie?

On nous enseigne que l'Esprit Saint vient sur quelqu'un avant qu'il ne soit sauvé et le conduit à la repentance. Cette œuvre est appelée la grâce prévenante. Nous avons vu aussi qu'il apporte le sang du Christ dans la vie du repenti, lui accordant ainsi le pardon de ses péchés. Cette œuvre est appelée le salut. Ensuite, il vient faire sa demeure dans le cœur du repenti quand celui-ci se confie totalement à Dieu. Cette seconde œuvre est appelée la sanctification. Mais l'œuvre de l'Esprit Saint ne s'arrête pas là.

L'Esprit Saint fait de nous des témoins actifs du Christ. Jésus demanda à ses disciples de demeurer à Jérusalem jusqu'à ce que l'Esprit Saint descende sur eux. Lorsque nous confions nos vies à Dieu et que l'Esprit habite en nous, c'est là que nous devenons des témoins actifs. Notre vie est transformée et il nous donne la sagesse et le pouvoir de témoigner pour Christ (Comparez Matthieu 4.1, 10; Luc 2.26, 12.1 ; Actes 5.32, 13.4, 16.6).

L'Esprit Saint nous offre aussi des dons pour permettre à l'église de satisfaire certains besoins. Il fait de certains des prédicateurs, d'autres, des prophètes, des apôtres ou des enseignants. Il nous donne la sagesse, l'intelligence, l'aptitude des langues et plus encore selon sa sagesse et son discernement des besoins de l'église. (1 Corinthiens 7.7-12). Le plus grand de tous ces dons est la vie éternelle et l'amour de Dieu (Romains 6.23 ; 1 Corinthiens 13).

Mais surtout, l'Esprit Saint porte du fruit dans notre vie, si nous voulons le suivre. Ce fruit est l'amour, la joie, la paix, la patience, la bonté, la bénignité, la fidélité, la douceur et la tempérance (Galates 5.22-23). L'Esprit confère les dons selon sa volonté. Il porte du fruit en tous ceux qui le reçoivent.

CHAPITRE 3
L'HOMME ET SON SALUT

Comment comprenons-nous l'homme ?

Trois « articles de foi » du *manuel* parlent de l'homme et du problème du péché. Ce sont les cinquième, sixième et septième articles. Nous allons examiner ces croyances dans ce chapitre.

L'homme est-il une créature de Dieu ?

Nous croyons que Dieu a crée l'homme à sa propre image. Aujourd'hui, tant de gens déclarent que l'homme n'est qu'un animal rationnel. Cette approche met l'accent sur la relation entre l'homme et les autres créatures. Elle attribue les erreurs et les mauvaises actions de l'homme à l'ignorance. Cependant, une telle approche présente mal le problème moral de l'homme. Le chrétien est parvenu à une meilleure compréhension de l'homme grâce à sa relation avec Dieu. L'homme est un être créé par Dieu à l'image de Dieu lui-même. Ceci élève l'homme à une position et à un niveau de responsabilités supérieurs à celui des animaux. Mais, en même temps, ceci signifie que les mauvaises actions de l'homme sont une rébellion contre Dieu. Cette rébellion est appelée le péché.

Après avoir créé l'homme et la femme, Dieu dit : « C'est très bon » (Genèse 1.31). Autrement dit, chaque partie créée en l'homme (son corps, sa raison, ses émotions, ses pulsions, son esprit) a été déclarée bonne par Dieu. Dieu a créé l'homme à son image. Ce qui veut dire que Dieu partage son propre caractère avec l'homme. L'homme n'est pas le produit du hasard ou de l'évolution de l'univers, mais il est le fruit de l'acte créateur du Dieu Tout-Puissant. Ainsi, l'homme est un être responsable semblable à son créateur et il est appelé à mener une vie qui réalise l'objectif de son créateur. C'est la raison pour laquelle il existe un vide en l'homme lorsqu'il n'est plus dans la relation qu'il est supposé avoir avec Dieu.

L'homme est-il une créature libre ?

L'homme est une créature. De fait, l'acte même d'être créé pose à la fois les limites et les aptitudes de l'homme. L'homme a reçu la capacité physique et spirituelle de croître et de se développer. Il a besoin d'un système pour soutenir son développement (le monde dans lequel nous vivons). L'homme a aussi reçu la capacité de penser et de faire des choix dans les limites de sa raison. Réalité et non fiction. Il s'agit de la capacité de choisir entre deux ou plusieurs options réelles. Certaines options peuvent être meilleures tandis que d'autres peuvent être carrément désastreuses. Choisir en connaissance de cause une option autre que celle qui est jugée la meilleure est un péché. Choisir délibérément le mal équivaut à se détourner du salut que Dieu a manifesté en Jésus-Christ. L'homme peut choisir de faire le bien ou le mal.

Contrairement à l'homme, Dieu n'a aucune limite. Il détient tout pouvoir et toute connaissance. Il n'est pas faible au point d'être menacé par une créature limitée à qui il a donné le libre arbitre. Dieu est tout à fait en mesure de s'occuper de l'homme limité tout en lui donnant le libre arbitre. Dieu a voulu développer le caractère de l'homme en le confrontant à des choix, parce que Dieu dit qu'il désire que les hommes soient authentiquement bons, non parce qu'ils se sentent observés ou parce qu'ils recevront une récompense.

La liberté de choisir entre le bien et le mal est l'un des fondements de la doctrine wesleyenne. D'abord, le fait qu'il soit donné à l'homme la possibilité de choisir signifie qu'il est moralement responsable de ses actes. Il est capable de développer une nature morale. En effet, il peut devenir une « bonne » ou une « mauvaise » personne. Ensuite, la possibilité du choix signifie que l'action de l'homme a un impact sur l'avenir. Les prophètes d'Israël ont toujours prêché cette vérité. Ils déclaraient aux Israélites que la voie du péché menait à la perdition. A l'opposé, s'ils se repentaient, alors l'avenir serait différent. Si le choix n'est pas sincère, la repentance ne sera alors qu'une mascarade.

L'homme est-il un pécheur ?

Oui, l'homme est incontestablement un pécheur. Il est vrai que l'homme a été crée bon. Mais aujourd'hui, le mal est vraiment enraciné en l'homme. Ce problème est survenu parce que le premier homme ainsi que tous ses descendants ont choisi la rébellion contre Dieu, en désobéissant à ses instructions. En agissant de la sorte, l'homme s'est non seulement éloigné de Dieu, mais il est devenu une réelle menace pour lui-même. La conséquence de cette rébellion dans la vie créée par Dieu est la mort.

Peut-être, une illustration nous aiderait à comprendre les deux aspects des dommages occasionnés par le péché. Un fabricant de voitures a créé une belle voiture qu'il a prêtée à son ami. La voiture flambant neuve devait sûrement procurer beaucoup de fierté à son fabricant et à son propriétaire. Le fabricant montrait à son ami comment utiliser et entretenir sa voiture, mais l'ami croyait qu'il en connaissait suffisamment pour agir à sa guise. Il commença à conduire la voiture et finalement fit un accident. Maintenant, il avait des problèmes. Non content d'avoir détérioré sa relation avec son ami, le fabricant qui seul pouvait lui apprendre comment prendre soin de sa voiture, il endommagea aussi la voiture laquelle nécessitait maintenant des réparations particulières. Les réparations nécessitaient deux choses : d'abord un tôlier. Ensuite, un bon conducteur s'y connaissant aussi très bien en mécanique pour faire l'entretien de la voiture, l'alimentation et la vidange.

Cette histoire illustre bien les difficultés de l'homme. Il fut créé bon à tous égards. Dieu le chargea de prendre soin de sa création. La communion avec Dieu fut ce dont il avait besoin pour donner à sa vie une direction et une finalité. Cependant, il agit à sa guise et tomba dans le péché. C'est ainsi qu'il perdit la communion avec Dieu et causa son propre préjudice et celui du monde. La réalisation et la satisfaction échappent à notre control et nous voilà à la poursuite de faux espoirs et de buts.

Aujourd'hui, Jésus-Christ est venu remédier à cette situation. Premièrement, il mourut sur la croix pour restaurer notre communion brisée avec Dieu. Il mourut sur la croix pour le pardon et le redressement de nos vies. C'est ce que la croix signifie (pardon et redressement). Jésus demande maintenant à tous ses disciples de prendre part à son œuvre rédemptrice. En cela, il dit : « Si quelqu'un veut venir après moi, qu'il renonce à lui-même, qu'il se charge de sa croix, et qu'il me suive » (Marc 8.34). Deuxièmement, Jésus envoya l'Esprit Saint pour habiter en nous, pour nous enseigner et nous fortifier pour avoir le contrôle sur notre vie. C'est pourquoi, l'accent est mis sur la nécessité de la sanctification chez le croyant. Il faut à nouveau laisser Dieu conduire nos vies. Jésus veut que le chrétien maintienne une relation constamment croissante avec Dieu, par la vie dans l'Esprit. Cette croissance dans la grâce de Dieu est essentielle à la vie chrétienne. C'est une vie qui inclut la prière, la lecture de la Bible, le service et la communion fraternelle.

Quelle est la conséquence du péché sur la liberté de l'homme ?

Il y a deux faits importants. Premièrement, Adam le premier homme a mal agi. Il en résulta une corruption de l'aptitude intérieure envers le bien et avec lui, celle de toute sa descendance. Sans la grâce de notre seigneur Jésus-Christ, il est impossible de choisir fidèlement le bien. Nous croyons que Jésus a mis sa grâce à la portée de tous.

Deuxièmement, l'aptitude à choisir dure toute la vie terrestre. Comme Adam, une personne peut à tout moment choisir de se livrer au mal, même après sa conversion et sa sanctification. Si un homme choisit de mal agir, il commet, en effet, un péché et à moins de se repentir, il encourt la perdition éternelle.

Qu'est-ce que le péché ?

Il y a deux sortes de péché :

1. Les actions délibérées d'un individu qui est conscient que ce qu'il fait est mauvais.

2. Le péché que nous appelons péché originel ou dépravation. La dépravation est le dommage dans l'être humain et

ses relations, puis dans le monde, comme étant la conséquence du péché.

Le péché vient de la désobéissance d'Adam et d'Eve. Leur conduite pécheresse les a détruits ainsi que le monde. C'est ce qui ressort du récit de leur péché sanctionné par la malédiction survenue sur eux et la terre toute entière. En faisant entrer la mort dans le monde, Adam et Eve ont perdu la communion avec Dieu – situation illustrée par les anges avec une épée flamboyante pour barrer l'accès (Genèse 3.24) et le respect d'eux-mêmes parce qu'ils cherchent à cacher leur nudité. Cette destruction se répercuta sur nos premiers parents et dans le monde où nous vivons. Toutes les futures générations sont déjà victimes de la destruction de l'homme et de la planète et se sont aliénés Dieu. Donc, sans la grâce révélée de Jésus-Christ, nous n'aurions aucune espérance.

Est-ce à dire que tous les hommes sont mauvais? Non, plutôt ils sont incapables de devenir ce que Dieu avait prévu qu'ils soient. A moins qu'ils ne rentrent à nouveau en communication avec Dieu pour demander pardon (c'est le salut ou la nouvelle naissance) et changer dans leur cœur (c'est la sanctification), s'ils veulent que le péché ne domine plus leur vie. Ensuite, il faut de la persévérance dans la communion avec Dieu (Genèse 6.5; Jérémie 17.9-10; Romains 3.9-10, 23; Ephésiens 2.3).

Comment effacer le péché de nos vies?

Jésus a vaincu le péché qui dominait nos vies. Son sang versé a rendu possible deux choses. D'abord, il nous a lavé de nos péchés, nous a pardonné et rendus capables d'emprunter le chemin avec Dieu. Ensuite, son sang doit aussi laver notre être intérieur, le restaurer dans une communion véritable avec Dieu, afin que son esprit qui vit en nous prenne le contrôle de nos vies. Dans le chapitre suivant, nous parlerons de la différence entre l'œuvre salvatrice et celle sanctificatrice de l'Esprit chez un individu. La purification du péché n'est pas l'unique aspect du salut et de la sanctification. Ces expériences impliquent aussi un changement dans notre relation avec Dieu, avec les autres et avec nous-même.

Le péché peut-il dominer à nouveau la vie du croyant?

Adam fut créé parfait et vivait dans une relation vitale avec Dieu jusqu'au jour où il tomba dans le péché, après avoir été tenté. Il n'existe aucune personne qui soit immunisée contre le péché et cela quelque soit son ancienneté dans la foi, ou sa position dans l'église. Chacun peut être tenté et choisir le mal. S'il le fait, il devra se repentir. Il est important de se rappeler que Dieu ne nous a pas chassé de la famille, mais au contraire, il nous a recueillis dans sa famille et il se soucie de chaque membre de sa famille qui pèche et attend qu'il se repente et retourne à lui. Si quelqu'un persévère dans le mauvais chemin et refuse de se repentir, il sera alors séparé de lui (Ezéchiel 18.24; Luc 8.13; Galates 5.4; 2 Pierre 3.17). La chute hors de la grâce n'est pas nécessaire. Jude nous le rappelle dans sa prière lorsqu'il nous recommande à Jésus qui peut « vous préserver de toute chute » (Jude 24).

Le salut, le paradis et l'enfer

Aujourd'hui, le salut fait une grande différence dans ma vie. Il me rend capable d'être une personne positive et utile. Je suis libéré du fardeau de la culpabilité. Je peux vivre en ayant une attitude saine envers moi-même, les autres et Dieu. Ces changements sont merveilleux. Jésus ne s'est pas fait homme seulement pour rendre ma vie sur terre meilleure. Il se soucie avant tout de la vie éternelle qu'il veut partager avec chacun d'entre nous.

Or, la vie continuera même après la fin des temps. L'éternité existe et cette éternité est la voie par laquelle tous les hommes entrent à leur mort et on la vit soit avec Dieu, soit sans Dieu. Si nous nous sommes repentis et que le sang de Jésus nous a sauvés et transformés, alors nous pouvons espérer vivre auprès de Dieu pour l'éternité. Sinon, nous passerons l'éternité séparés de Dieu.

Dans certains livres bibliques comme Apocalypse, des hommes de Dieu nous donnent un aperçu de la perfection de la vie que nous pourrons partager avec Dieu dans l'éternité. Ces écrivains ont eu une vision du paradis, cet endroit merveilleux où nous vivrons avec Dieu. Quelque fois, lorsque la présence de Dieu se fait sentir dans le monde, nous reconnaissons là un avant-goût du paradis, ou la sensation que le paradis est véritablement l'endroit où vit Dieu.

A travers une autre série de symboles, des hommes de Dieu font à notre intention, une description de l'horreur, de la souffrance, de la honte, du mal et de la destruction qui accompagnent l'éternité à passer hors de la présence de Dieu. C'est cela l'enfer. L'enfer est présenté comme un endroit préparé pour le malin et les anges déchus, et non pour l'homme. Seuls ceux qui refusent de se séparer du malin iront dans l'enfer éternel. Dieu a triomphé du malin et a lui-même ouvert la voie qui nous délivre de la pénalité (ou salaire) du péché.

CHAPITRE 4
LE SALUT ET LA SANCTIFICATION

Articles de foi

Ce chapitre est consacré à l'explication des articles de foi 8, 9 et 10 du *Manuel.* Ces articles traitent de la repentance, du salut et de la sanctification.

Que veut-on dire par salut et sanctification ?

Le mot « salut » signifie être délivré des conséquences de nos actions. Le mot sanctification signifie être rendu saint, être mis à part pour Dieu. Ces deux mots ont des utilisations variées dans le vocabulaire chrétien.

Dans son sens entier, le salut indique tout ce qui se produit lorsque l'homme est délivré de la pénalité de ses péchés. Commençant par l'œuvre divine nous préparant au salut par le Christ jusqu'à l'ultime destruction du mal. Quelques qualificatifs sont utilisés pour déterminer les divers aspects. Par exemple : le salut *initial* se réfère à la repentance et au pardon tandis que le salut entier est l'acte de recevoir l'Esprit Saint dans sa propre vie ; le salut *final* signifie aller au ciel.

Habituellement, le mot salut est synonyme de pardon des péchés. C'est la première « œuvre de grâce » comme nous l'appelons souvent. Plusieurs termes sont utilisés pour parler de cette expérience, chacun exprimant un aspect différent de la richesse de l'expérience. Nous les étudierons individuellement.

Le mot sanctification a aussi plusieurs significations. Il inclut le mot salut parce que la sanctification se réfère à la purification et à la sainteté d'une personne, tandis que le salut se réfère à la délivrance de la pénalité de ses actions. Dans la marche avec Dieu, il y a des aspects de la purification et de la délivrance de toutes nos expériences. C'est pourquoi l'expression « sanctification initiale » souvent utilisée pour parler de l'expérience de la régénération qui a lieu lorsqu'une personne est sauvée (c'est-à-dire reçoit le pardon). Cependant, les nazaréens utilisent généralement cette expression pour parler de l'expérience de la purification du cœur. Quelques fois, ils appellent cela « l'entière sanctification » afin de la distinguer de la « sanctification initiale ». Plusieurs autres expressions sont utilisées pour exprimer les différents aspects de cette expérience.

Qui peut être sauvé et sanctifié ?

La Bible dit que quiconque croit en Jésus-Christ est sauvé et sanctifié. Dieu nous donne le choix. Si nous croyons, nous serons sauvés. Il n'y a aucun frais à payer, ni aucune action à réaliser pour recevoir le salut. Nous devons seulement croire et obéir à Jésus-Christ. La foi et l'obéissance ressemblent à deux faces d'une même pièce de monnaie (1 Jean; Matthieu 11.28; Jean 1.9, 3.17; Romains 1.20-21, 2.14-15; Tite 2.11; 2 Pierre 3.9).

La repentance est-elle obligatoire ?

La repentance est l'exigence fondamentale pour toute personne qui aimerait venir à Dieu. La repentance signifie que je reconnais ma culpabilité et mon péché personnels et que je me détourne du mal vers Dieu. L'Esprit de Dieu convainc de péché, presse et rend tout homme capable de se repentir. Ce travail de l'Esprit est appelé la grâce prévenante (ou la grâce qui précède le salut). Si quelqu'un rejette cette grâce, il ne pourra pas recevoir le salut que Dieu offre.

La repentance entend que moi le repenti, je répare le mal que j'ai fait. Le mot restitution est essentiel ici, car il signifie que si cela est en mon pouvoir de réparer mes mauvaises actions, dans ce cas, je dois le faire. Si je refuse, je démontre clairement mon désir de m'attacher aux fruits de mes péchés au lieu de m'en détourner. Lorsque Zachée accepta le Christ, il annonça immédiatement qu'il allait faire la restitution de l'argent volé. Il rendit quatre fois plus ce qu'il avait volé au peuple. Cet acte refléta l'empressement avec lequel Zachée se tournait vers Dieu (Luc 19.8). La réponse de Jésus fut que le salut était entré dans la maison de Zachée.

Qu'est-ce que la grâce de Dieu ?

La grâce de Dieu est sa volonté de tendre la main à l'humanité et de l'aider, bien que nous soyons les responsables de notre propre malheur. Les synonymes du mot biblique grâce sont la miséricorde et l'amour fidèle.

La grâce de Dieu touche toutes les relations humaines. **La grâce prévenante** est la main de Dieu tendue pour sauver les pécheurs que nous sommes. **La première œuvre de grâce** est l'expérience du pardon et de l'adoption dans la famille de Dieu. **La second œuvre de grâce** est l'acte de soumettre notre volonté à Dieu lequel s'accompagne de l'effusion de l'Esprit Saint. **La croissance dans la grâce** est le développement constant qui se produit dans la vie d'une personne qui marche avec Dieu. Elle commence lorsque cette personne répond à la grâce prévenante et se poursuit jusqu'au jour de sa mort. La seule exigence est l'obéissance à l'Esprit Saint.

Pourquoi existe-t-il autant de termes pour définir la première œuvre de grâce ?

Chacune de ces définitions concernant la première œuvre de grâce nous aide à comprendre les différentes vérités de cette expérience.

- *Le salut* explique que cette expérience est une délivrance de la pénalité de nos péchés.
- *La rédemption* explique que nous ne pouvons pas nous délivrer du péché par nous-mêmes. Il faut que Jésus nous libère de nos mauvaises habitudes et agissements.
- *La nouvelle naissance* exprime la liberté totale de la nouvelle vie qui accompagne cette œuvre de grâce.
- *La justification* met l'accent sur le fait que Jésus nous a pardonné la culpabilité de nos péchés et la pénalité de nos actes (que nous méritons).
- *La régénération* explique que la vie spirituelle s'installe dans notre cœur lorsque nous avons reçu le pardon.
- *L'adoption* explique que Dieu nous fait devenir membres de sa famille. Désormais nous sommes héritiers avec Jésus-Christ et nous devons prendre les caractéristiques de membres de la famille de Dieu. C'est un beau concept qui révèle la profondeur de l'amour de Dieu pour nous.

Pourquoi existe-t-il autant de termes pour définir la seconde œuvre de grâce ?

La seconde œuvre de grâce accomplit plusieurs choses différentes dans nos vies. Différents mots sont utilisés pour expliquer ces aspects.

• *La sainteté* est devenue le mot-clé de l'Eglise du Nazaréen. Dieu insiste sur le fait que son peuple doit partager sa sainteté (Lévitique 11.44; 1 Pierre 1.16). Nous l'appelons communément la sainteté chrétienne car il faut savoir que la sainteté trouve son origine en Christ.

• *La sanctification* est probablement le mot commun le plus utilisé pour parler de cette expérience. Il met l'accent sur le changement intérieur opéré par l'Esprit Saint. Il purifie ce qui est impur et sanctifie ce qui est profane.

• *La perfection chrétienne* était l'expression favorite de John Wesley. La Bible appelle constamment le peuple de Dieu à être parfait (Philippiens 3.15; Hébreux 13.21; 1 Pierre 5.10; 1 Jean 4.17). En vérité, plus nous nous approchons de la lumière de la présence de Jésus-Christ, mieux nous distinguons nos propres imperfections. Ce qui nous met mal à l'aise face au terme perfection. Néanmoins, c'est un terme essentiel car, il explique clairement que le plan de Dieu est de nous amener à la perfection. Wesley a utilisé l'adjectif « chrétienne » avec sagesse, pour nous rappeler qu'il ne s'agit pas de la perfection absolue, mais plutôt de la maturité du cœur doublée d'une attitude d'amour parfait.

• *La pureté du cœur* souligne que l'Esprit de Dieu œuvre à l'intérieur du cœur pour transformer notre caractère.

• *La plénitude de la grâce* est une expression qui fait comprendre que la délivrance du pouvoir du péché due à la grâce divine n'est pas complète avec le pardon et la régénération. Elle est complète uniquement lorsque nous laissons son sang laver notre être intérieur.

• *La crucifixion de soi* et *l'abandon total* décrivent notre part dans l'accomplissement de l'œuvre de Dieu dans nos vies tout en mettant l'accent sur les dispositions personnelles du croyant à remettre sa propre volonté à Dieu de sorte à expérimenter l'union avec Dieu. Paul appelle cela « la mort à soi-même » (1 Corinthiens 15.31 ; Philippiens 1.21 ; Galates 2.20, 5.24 ; Romains 6.6). Christ témoigne de ce fait lorsqu'il dit : « Non pas ce que je veux, mais ce que tu veux » (Marc 14. 36).

• *Le baptême de l'Esprit Saint* met l'accent sur la personne de l'Esprit Saint qui est l'auteur de la seconde œuvre de grâce et le maître de nos vies. Nous disons alors que nous sommes « remplis de l'Esprit ». Dès lors, Dieu peut toucher plus efficacement les autres en nous utilisant. Ainsi, il peut œuvrer dans notre vie pour nous transformer à l'image qu'il veut.

En quoi consiste alors l'entière sanctification ?

L'entière sanctification est une œuvre de Dieu en réponse à l'engagement du croyant. L'Esprit Saint purifie le cœur du chrétien puis y établit sa demeure. Désormais, l'amour de Dieu règnera dans cette vie et l'objectif de cette personne sera de faire la volonté de Dieu. La paix et l'intégrité résultent de cette communion continue et intime avec Dieu.

La présence de l'Esprit Saint en nous signifie aussi que nous avons la force de vivre comme Dieu le souhaite et d'accomplir la volonté divine. C'est la puissance pour la vie et le service et non pas pour faire du spectacle.

Comment connaître notre état de grâce personnel?

L'esprit de Dieu rend témoignage à notre esprit de l'état de grâce dans lequel nous sommes (Romains 8.16). Il utilise les témoignages directs de notre cœur, de la Bible et aussi des frères chrétiens pour nous faire comprendre que nous sommes sauvés ou sanctifiés.

Existe-t-il des dangers spirituels pour le saint sanctifié?

Le chrétien sanctifié n'est pas supérieur aux autres parce qu'il peut succomber de nouveau à la tentation du péché. La sanctification ne protège pas contre l'erreur. Si le chrétien sanctifié commet une erreur, il doit la réparer car, le refus de se prêter à la réparation est un péché.

Nous devons nous rappeler d'Adam et d'Eve avant la chute. Bien qu'ils fussent en communion directe avec Dieu, ils furent exposés à la tentation et pêchèrent. Voici la condition de l'homme; nous avons un réel choix à faire et nous sommes capables à un moment ou à un autre, de choisir le bien ou le mal. La sanctification n'y changera rien. Il y a très longtemps, le prophète Michée attirait l'attention des gens sur le désir de Dieu pour l'homme (Michée 6.8). Ce désir contient trois éléments essentiels qui sont: «Que tu pratiques le droit ... Que tu aimes la loyauté ... Que tu marches humblement avec ton Dieu». Ces éléments restent les fondements pour les chrétiens sanctifiés. Le droit, la loyauté et l'humilité sont les marques de l'homme qui marche avec Dieu.

CHAPITRE 5
LA BIBLE: NOTRE GUIDE DANS LA VIE

Qu'est ce que la Bible?

La Bible est le livre dans lequel Dieu révèle sa volonté à propos de tout ce qui est nécessaire au salut de l'homme. C'est le fondement de la théologie et de la conduite (Article de foi IV, *Manuel de l'Église du Nazaréen*).

La Bible est-elle d'inspiration divine?

La Saint Bible est un livre inspiré par Dieu. Elle rapporte l'interaction de Dieu avec les hommes. L'Esprit Saint en a dirigé la rédaction. Elle exprime la vérité, la justice et l'amour de Dieu. Elle révèle la joie et la souffrance de Dieu pour l'humanité.

La Bible est-elle magique?

La Bible n'est pas un livre magique. Dieu n'a rien à voir avec la magie. Citer des versets de la Bible ne place pas Dieu dans l'obligation absolue de faire la volonté de l'homme. Dieu seul décide de ce qu'il veut faire.

La présence d'une Bible dans une maison ne sanctifie pas pour autant la maison. Transporter une Bible ne sanctifie pas la personne qui la transporte. Une Bible dans un magasin ne sanctifie pas toutefois le magasin. Toucher une Bible en disant des mensonges ne rend pas malade. Ce n'est absolument pas un livre magique.

La Bible est-elle d'inspiration humaine ?

La Bible est un livre écrit par les hommes. Le style de chaque écrivain est clairement identifiable. On y trouve des lamentations et des hymnes, des récits, des lois, des traités et des alliances. Il y a des récits sur la royauté, des récits historiques, des sermons, des lettres, des visions, des proverbes et tant d'autres encore. Ce sont là des formes littéraires faites par les hommes. Nous avons la même nature dualiste dans la Bible qu'en Jésus-Christ. Cette nature est pleinement divine et pleinement humaine.

Comment avons-nous reçu la Bible ?

La Bible a été écrite pendant 2000 ans environ. Il est difficile de déterminer quelles parties sont les plus anciennes. La Bible mentionne très peu les périodes de rédaction, les lieux historiques ou même les auteurs. Moïse écrivit et rassembla les premières pièces de la Bible. Quelques copies de ces sections furent soigneusement gardées dans divers endroits en Israël et en Judée.

Au début, les gens demandaient au prêtre ou prophète de leur transmettre la parole de Dieu. Mais plus tard, la Bible devint elle-même le moyen le plus prépondérant par lequel Dieu instruisit l'homme. Pour la première fois, une partie de la Bible fut reconnue en 2 Rois 22 comme l'autorité suprême. Le roi Josias obéit à la parole de Dieu lorsque celle ci lui fut lue dans le Livre de l'Alliance trouvé pendant les travaux de rénovation du temple.

L'Ancien Testament suit trois niveaux de développement. Le premier est la reconnaissance des cinq « livres de Moïse » comme étant la loi de Dieu. Ceci se produisit pendant l'exil des israélites.

La deuxième partie de l'Ancien Testament reconnue comme la parole de Dieu est la collection d'écrits par et sur les prophètes de Dieu (nous qualifions plusieurs de ces livres d'historiques). La phrase-clé pour identifier ces livres est : « Ainsi parle l'Eternel ». Du temps de Jésus, ces livres furent appelés les Prophètes.

Les troisième et dernière collections étaient les Ecritures ou Psaumes. Ils incluent des récits, des cantiques et des proverbes. Les contenus de cette collection n'ont été établis que 60 ans après la mort du Christ et différentes versions furent mises en circulation de son vivant. Les versions majeures furent conservées en Egypte, à Babylone et à Jérusalem. La collection égyptienne fut traduite en grec et nous fut parvenue dans cette langue comme étant la Septante. Elle devint l'Ancien Testament des églises primitives et de l'Eglise catholique romaine. La collection babylonienne devint le texte massorétique utilisé par les juifs et les églises protestantes. Les manuscrits de Jérusalem furent perdus, probablement lorsque les romains détruisirent la ville.

Le Nouveau Testament. Sa rédaction fut de courte durée. Elle fut complètement achevée dans le siècle qui suivit la mort du Christ. Au quatrième siècle après Jésus-Christ, l'église décida quels livres composeraient le Nouveau Testament. Le Nouveau Testament contient les Evangiles (récits sur Jésus), l'histoire de l'église primitive, les épîtres, et diverses visions.

Comment choisir une traduction de la Bible?

Les traductions de l'Alliance Biblique Universelle sont les plus connues dans le monde évangélique francophone. La traduction Louis Segond (1910) terminée en 1880 se caractérise par la précision du vocabulaire et sa grande fidélité au texte original. Cependant, le besoin de moderniser le français a entraîné la parution de la Bible la Colombe (1978) qui est une révision approfondie de la Bible Louis Segond. D'autres traductions sont également disponibles telles: la Bible en français courant (1982), la Bible du Semeur (1992), la Bible Parole de Vie (2000), la nouvelle Bible Louis Segond (Edité en 2002).

La Bible est-elle authentique?

Oui. La Bible est la parole de Dieu. Nous croyons que l'Esprit Saint a évité aux auteurs les erreurs d'écriture. Il est question de déclarations de foi. De telles déclarations de foi ne peuvent nullement être prouvées par la logique. Néanmoins, il y a beaucoup d'indications logiques qui prouvent la véracité de la Bible. En voici quelques unes:

• Des millions d'hommes ont témoigné de leur expérience de cette vérité pendant plus de 2 000 ans.

• Des déclarations bibliques sur la vie et même sur l'avenir ont été vérifiées.

• Selon notre expérience personnelle, nous découvrons que si nous obéissons ou désobéissons à la Bible, les conséquences s'en suivent tel qu'il est dit dans la Bible.

Pourquoi existe-t-il plusieurs interprétations bibliques ?

La Bible est à la fois d'inspiration humaine et divine. Ceci veut dire qu'elle peut être sujette à de mauvaises interprétations. D'abord, il faut reconnaître qu'il y a divers genres littéraires dans la Bible et que chaque genre a un but différent et doit être interprété différemment. Par exemple, Jésus a dit : « Je suis la lumière du monde ». Il ne voulait pas dire qu'il était une bougie, une lampe de chevet ou une ampoule électrique ; il voulait dire que la vérité qu'il apportait dans le monde amènerait une meilleure compréhension.

Comment étudier la Bible ?

Il importe pour tout chrétien d'apprendre à étudier la Bible correctement. Plusieurs guides sont disponibles pour cela. Voici quelques conseils pour l'étude de la Bible :

1. Avoir une bonne approche de la Bible. C'est un livre saint différent d'une boîte de vitamines pour l'esprit, ou d'un livre de magie pour tenir le démon éloigné.

2. Etudier la Bible soi-même. Une assistance peut être utile mais elle ne remplacera pas l'étude personnelle.

3. Lire entièrement l'histoire sans se limiter à un seul verset. Le contexte d'un verset est important pour la compréhension de ce verset.

4. Examiner le passage pour en découvrir la forme littéraire tout en relevant les mots importants. Etudier la structure, organiser les informations afin de les comprendre.

5. Poser des questions. Posez-vous les questions : *quoi, où, quand, comment, pourquoi, qui* et vous comprendrez plus vite le passage.

6. Interprétez vos réponses. « Qu'est-ce que ceci signifie pour moi ? » est la question à laquelle vous devez répondre quand vous étudiez la Bible.

7. Testez vos réponses. Vérifier si vos conclusions vont dans le sens du passage. Vérifier si elles vont dans le sens d'autres vérités de la Bible. Si ce n'est pas le cas, alors revoyez vos conclusions.

L'Esprit Saint m'aide-t-il à comprendre la Bible ?

Jésus nous dit quequand l'Esprit viendra, il nous conduira dans toute la vérité (Jean 16.13). Ceci signifie que l'Esprit nous aidera à vivre en harmonie avec Jésus qui est *la vérité* et à comprendre aussi sa parole.

La prière et l'étude de la Bible vont de pair. Nous devons faire notre part en étudiant soigneusement la Bible afin d'avoir la connaissance biblique que l'Esprit peut utiliser pour nous enseigner. Nous devons aussi consacrer du temps à la prière tout en étudiant la Bible afin que l'Esprit Saint puisse nous conduire dans la compréhension de ce que nous avons étudié. La vérité que j'ai apprise dans la Bible doit d'abord être appliquée à ma propre vie. Ce n'est pas mon rôle de l'appliquer aux autres même si je le fais dans un esprit d'amour.

Est-ce que toutes les sections de la Bible sont d'une importance égale pour moi ?

La Bible constitue dans sa totalité la parole de Dieu, et il faut la traiter avec respect. Cependant, la Bible traite de diverses situations survenant à des périodes différentes. Le livre des Proverbes nous révèle que faire le bien au bon moment est le secret du succès. Il nous faut discerner la différence entre ces vérités qui s'appliquent à une époque précise et celles qui s'adressent à toutes les époques. Une étude nous montre que les vérités exprimées dans le passage des Dix Commandements (Exode 20) s'appliquent toujours à toutes les situations. Il y a tant de vérités de ce genre dans la Bible et leur valeur est inestimable pour le développement de la vie intérieure. En même temps, l'étude nous montre que des déclarations du genre, il faut construire une balustrade autour de son toit (Deutéronome 22.8) s'appliquent seulement aux personnes qui construisent un toit plat sur leur maison. De telles déclarations nous rappellent qu'il faut prendre nos responsabilités au sérieux et qu'il est de notre devoir de protéger les hommes qui marchent ou travaillent sur un toit élevé.

Les vérités, qu'elles soient biblique ou autres, sont dites locales quand elles ne s'appliquent qu'à un seul endroit ; elles sont dites universelles, quand elles s'appliquent à tous les endroits et temporaires quand elles s'appliquent à une période bien définie ; intemporelles quand elles s'appliquent indéfiniment. On peut prendre l'exemple des panneaux de signalisation routière : local – une signalisation de stop s'applique uniquement à un endroit précis. Universel – la limite de vitesse s'applique dans tout le pays à moins qu'une limite plus lente ne soit imposée. Temporaire – des panneaux signalant des travaux. Intemporel – un panneau signalant une montée abrupte.

L'obéissance à la vérité

On peut étudier la Bible toute sa vie durant et ne pas la comprendre entièrement. Le secret de la vie n'est pas de connaître toutes les vérités de la Bible. Il faudrait plusieurs vies pour tenter de les apprendre toutes. Le succès d'une vie réussie est d'obéir aux vérités que l'Esprit Saint nous aide à comprendre. Ainsi, nous marcherons victorieusement avec Dieu et notre vie spirituelle s'améliorera. La désobéissance à la vérité révélée peut résulter éventuellement en la mort spirituelle. Nous devons suivre ce que nous connaissons réellement.

CHAPITRE 6
LES NAZAREENS CROISSENT DANS LA GRACE

L'Esprit Saint nous aide à croître dans la grâce

La vie chrétienne est dynamique. Il y a toujours des choix à faire. Et, si nous choisissons d'agir convenablement, nous croîtrons certainement. A l'opposé, si nous choisissons de nous livrer au mal, nous nous détournerons certainement de Dieu. Nous avons reçu l'Esprit Saint afin de pouvoir faire les bons choix. L'Esprit Saint travaille plus efficacement dans un cœur purifié où on lui donne les pleins pouvoirs. Notre croissance gagne en qualité après que nous ayons reçu la sanctification.

Qu'est-ce qu'il faut comprendre par croissance spirituelle?

La croissance spirituelle est le développement positif de notre caractère et de notre relation avec Dieu et avec les autres. Dieu veut que j'aie un bon cœur et non pas que je sois bon uniquement parce que les autres m'observent. La multiplication du fruit de l'Esprit dans ma vie est une marque de la croissance spirituelle.

Que signifie la grandeur spirituelle?

Jésus a dit: «Quiconque veut être grand parmi vous, qu'il soit votre serviteur» (Matthieu 20.26). Dans Philippiens 2.1-11, nous lisons que Jésus est descendu du ciel pour être un serviteur. Il nous appelle à être comme lui. Un bon serviteur essaie d'aider ceux qu'il sert pour qu'ils soient dans de bonnes dispositions. Quelqu'un a écrit à ce propos : « Ma première responsabilité est d'aider mon prochain à réussir ».

Est-ce que le service signifie laisser les autres diriger notre vie ?

Jésus veut que nous cherchions activement à faire du bien aux autres. L'Esprit Saint doit être notre seul et unique guide. C'est le sens du mot amour dans 1 Corinthiens 13. Jésus déclare qu'il ne nous appelle plus serviteurs mais amis, parce qu'il partage ses desseins avec nous (Jean 15.15). C'est pour cette raison que nous devons travailler en utilisant tous nos talents et toute notre ingéniosité. En effet, puisque nous travaillons ensemble avec Dieu, il nous aidera à comprendre que pour Jésus, le concept du service va au-delà d'une simple obéissance à des ordres donnés. C'est tout un mode de vie qui vise le bien-être des gens autour de nous.

Comment dois-je grandir dans la grâce ?

Le désir de Dieu est que nous parvenions à si bien le connaître qu'il nous guidera par son seul regard posé sur nous (Psaumes 32.8). L'Esprit Saint nous aidera à construire cette relation. Il nous aide déjà à développer la discipline et il nous montre le chemin à suivre.

La discipline signifie contrôler mes choix. Il y a certaines choses qui sont sous mon contrôle. Dans des situations pareilles, je dois choisir de faire le bien. Il y a d'autres qui ne sont pas sous mon contrôle, mais l'Esprit Saint peut m'aider à avoir la bonne conduite ou la bonne attitude dans ces cas. En fait, il faut comprendre que notre propre mode de vie doit être influencé par l'adoration, la prière, la lecture de la

Bible et la communion de l'église. Par conséquent, tout ce qui est source de destruction doit être évité. Fuyons le mal, les divertissements, activités, livres et magazines qui détruisent l'âme ; choisissons nos amis avec soin ; évitons les drogues sauf les substances prescrites pour des raisons médicales. L'usage abondant de certaines drogues comme l'alcool et la nicotine ne justifie pas leur utilisation. Grâce au soutien de l'Esprit Saint, nous serons capables de développer la discipline dans notre vie.

La discipline signifie contrôler nos émotions et nos pulsions. L'apôtre Paul nous rappelle que nous avons besoin de la présence et de la puissance de l'Esprit Saint pour contrôler notre conduite sexuelle (1 Thessaloniciens 4.3). Jacques nous rappelle que sans l'Esprit Saint, nous ne pouvons pas contrôler notre langue (Jacques 3). La loi divine nous donne beaucoup d'orientations et l'amour de Dieu répandu dans notre cœur nous procure le désir de garder cette loi. L'Esprit Saint nous aide à contrôler nos émotions et pulsions afin de faire les bons choix.

La discipline signifie contrôler nos ressources. Nous sommes responsables de l'utilisation de notre temps, de nos talents et de nos biens. La manière d'utiliser ces ressources personnelles contribue au renforcement de notre caractère et au service en faveur de nos semblables.

La direction signifie que Dieu désire notre engagement dans des activités productives pour nous et pour les autres. L'engagement positif décourage un esprit négatif et critique. L'Esprit Saint est profondément soucieux de ce qu'aucune racine d'amertume n'affecte notre vie (Hébreux 12.15).

Comment dois-je œuvrer avec l'Esprit Saint ?

Après avoir été sauvé et sanctifié, il y a deux choses que je dois faire afin que l'Esprit Saint œuvre efficacement dans ma vie. La première est de consacrer un temps à la prière et à l'étude de la Bible. La seconde est de m'assurer que je vis comme un membre du corps du Christ dans l'église.

Pourquoi dois-je prier et lire la Bible ?

La prière et la Bible vont de pair. Nous étudions la Bible pour entendre Dieu parler. La prière est notre manière de communiquer avec Dieu.

Il y a cinq genres de prières – la louange, l'action de grâce, la confession, l'intercession et la pétition. Dieu doit être loué car il est bon et prévenant.

L'action de grâce ne se limite pas à des paroles respectueuses, c'est aussi une attitude. Nous devons rendre continuellement grâce à Dieu (1 Thessaloniciens 5.18). Lorsque nous nous confessons, nous demandons le salut et la sanctification à Dieu. Nous devons aussi nous confesser à chaque fois que nous péchons. Dieu ne nous chasse pas facilement hors de sa famille mais en persistant à entretenir un esprit arrogant, nous causons une séparation entre lui et nous. L'intercession est notre prière pour les autres. La pétition est la demande. Dieu nous a invité à demander. C'est un Dieu généreux mais aussi un Dieu qui déteste l'égoïsme et la cupidité.

Que signifie demander au nom de Jésus?

L'expression « au nom de Jésus » n'est pas une formule magique qui met Dieu dans l'obligation de satisfaire les désirs des croyants. La prière aide l'homme à mettre ses pensées et sa volonté en conformité avec le désir de Dieu. Jésus disait: « non pas ma volonté, mais la tienne » (Luc 22.42). En Jean 14.14, il dit: « si vous demandez quelque chose en mon nom, je le ferai. ». Cela veut dire que si nous demandons en accord avec le caractère de Jésus (son nom) alors il nous exaucera. Jésus ne fera jamais rien, ni quelque chose de contraire à son caractère. Si nous comprenons les désirs de Jésus, si nous alignons notre vie à la sienne et présentons nos pétitions en conséquence, alors nous demandons « en son nom ».

L'Esprit Saint nous guide à travers le corps du Christ

L'église est le corps du Christ. De même qu'un bras ne peut vivre s'il est coupé du reste du corps, le chrétien ne peut vivre séparé de ses frères chrétiens. Être un membre du corps signifie adorer, étudier, prier, communier et travailler ensemble. Certes, le corps supporte et encourage chaque membre, Mais les membres doivent être unis. Si un membre souffre, c'est tout le corps qui souffre. Quand un membre est fortifié, c'est tout le corps qui est fortifié.

L'Esprit Saint a accordé des dons aux membres du corps afin qu'ils puissent s'aider mutuellement (Ephésiens 4.12). Paul usa du don de l'autorité pour édifier l'église (2 Corinthiens 10.8). Nous rejetons les dispositions de l'Esprit Saint, si toutefois nous refusons de considérer la direction donnée à travers ceux que l'Esprit lui-même a choisis et investis de ses dons pour nous aider, tels que les pasteurs et les autres responsables.

Quels sont les sacrements de l'église ?

Il y a deux choses appelées sacrements qu'il faut accomplir dans le corps du Christ. Certes, ce sont des symboles sacrés mais ils n'ont aucun pouvoir magique. Le fait de prendre part à ces sacrements ne nous donne pas le salut. Ces sacrements sont la communion et le baptême.

La communion est une commémoration de la vie et de l'œuvre de Jésus. Quiconque l'aime doit avec respect manger le pain et boire la coupe qui nous rappellent sa vie et sa mort pour nous (1 Corinthiens 11). Dans l'Eglise du Nazaréen, nous recommandons que chaque congrégation participe à la communion au moins une fois tous les trois mois.

Le baptême ne sauve personne. Jésus a été baptisé dans l'eau par Jean. Il nous a ordonné de recevoir le baptême qui est le signe que nous le suivons. La personne qui reçoit le baptême n'ira au ciel que si elle accepte Jésus comme son sauveur. La Bible ne donne aucune précision sur la manière de baptiser. Donc, toutes les formes de baptême sont acceptées : l'aspersion, le versement ou l'immersion. L'immersion est la forme la plus utilisée. Le baptême des enfants est autorisé car la Bible ne s'y oppose pas. Il va sans dire que le baptême ne sauve pas un enfant, mais les parents désirent seulement élever leur enfant en suivant Dieu.

Habituellement, nous dédions un enfant au Seigneur, mais ce n'est pas un sacrement.

Est-ce que Dieu a appelé tous les chrétiens à servir en tempsplein ?

Jésus appelle tous les chrétiens à le suivre. Il veut qu'ils soient à son image et qu'ils fassent sa volonté. Jésus dit aussi que nous sommes tous les témoins de son œuvre par notre vie. Il n'a pas appelé tout le monde à être prédicateur, évangéliste ou missionnaire.

Témoins

Actes 1.8 nous dit que les disciples seront des témoins. Être un témoin signifie rendre public ce que vous savez. Nos vies et nos paroles seront un témoignage digne de l'amour de Dieu et de la transformation qu'il a opérée dans nos vies.

L'appel à la prédication

L'appel de Dieu pour certains disciples est de subordonner toute chose à la proclamation de la bonne nouvelle. A ceux-ci, il dispense des dons et des grâces appropriés, désirant notre adhésion à son appel, notre préparation aussi à être ses disciples pour l'accomplissement de l'appel.

L'appel missionnaire

L'appel de Dieu pour certains est de le servir en apportant la bonne nouvelle aux autres cultures et aux autres pays. De telles personnes peuvent servir de différentes manières selon les besoins. Une bonne préparation est nécessaire pour exercer un tel service. Tous les nazaréens sont encouragés à s'ouvrir à de tels engagements qui rendent possible l'accomplissement de son grand commandement missionaire (Matthieu 28.19-20).

Est-ce que les chrétiens sanctifiés rencontrent des problèmes ?

Jésus pria pour ses disciples (Jean 17) ; il demanda à Dieu de nous garder pendant toute notre vie terrestre, mais pas de nous épargner les problèmes du monde. Jésus promit de tout nous donner si nous recherchions en premier le royaume de Dieu (Matthieu 6.33). Il fait de nous des intendants. Il ne nous promet pas la richesse. Il ne nous achète pas avec ses richesses, la santé ou la puissance pour que nous soyons ses disciples.

La présence de l'Esprit Saint apporte la paix et la joie. Cela est sain. Bien que le fait d'observer les lois de Dieu contribue à la santé, Dieu n'a pas promis que nous ne serions jamais malades. Il a promis de nous garder d'avoir une mauvaise attitude lorsque nous rencontrons des problèmes. Il a créé des docteurs dans ce but. Quelquefois, Dieu choisit de guérir par des miracles. Nous croyons qu'il est dangereux de rechercher la guérison par des moyens magiques ou démoniaques. Si nous obéissons à Dieu et attendons son heure, il utilisera toutes nos afflictions pour nous fortifier et encourager les autres.

CHAPITRE 7
FAIRE FACE AUX PROBLEMES DE LA VIE

Nous vivons dans un monde complexe, en contact avec tant de gens qui ne servent pas Dieu, et d'autres qui le combattent de toutes leurs forces. La Bible est une source de conseils pour faire face aux problèmes que nous rencontrons.

Quelle est la loi divine liée à la vie de l'individu?

Jésus résuma cette loi en ces termes: «Tu aimeras le Seigneur, ton Dieu, de tout ton cœur, de toute ton âme, et de toute ta pensée ... Tu aimeras ton prochain comme toi-même ... De ces deux commandements dépendent toute la loi et les prophètes» (Matthieu 22.37-40). L'apôtre Paul nous a laissé un enseignement utile sur la signification du mot amour dans 1 Corinthiens 13. L'amour est le principe de base de la loi de Dieu. Les Dix Commandements en Exode 20 résument cette loi divine.

Les chrétiens doivent-ils garder la loi de Dieu?

La loi donnée par Dieu nous sert de guide face aux grandes questions de notre temps. Jésus est venu afin que l'amour de Dieu qui est le fondement de la loi puisse être répandu dans nos cœurs. Cet amour nous transforme afin que nous soyons capables de vivre comme Dieu nous le demande. Une étude des Dix Commandements montre qu'ils sont d'une aide considérable dans bien des situations actuelles.

1. Tu n'auras pas d'autres dieux

Seul le Seigneur est Dieu. Il doit passer avant la famille, le pays ou les biens matériels. Lui seul doit être adoré. Notre tendance à rechercher la sécurité dans les armes, la richesse ou le pouvoir est mauvaise. Dieu est la seule source de sécurité, de pouvoir et de vie. Il contrôle le présent et l'éternité dans le monde spirituel comme matériel.

2. Tu ne te feras point d'idoles

Les idoles et les images taillées furent des moyens utilisés par les hommes pour faire faire aux dieux leur volonté, ou pour limiter Dieu à leur niveau de compréhension. Dieu dit que c'est absolument mauvais. Il n'existe aucune magie qui puisse obliger Dieu à faire la volonté d'un homme. L'homme ne peut en aucun cas limiter Dieu. Les prières offertes aux saints, aux ancêtres pour demander leur intervention auprès de Dieu en notre faveur est de l'idolâtrie pure et simple. Dieu nous dit que c'est mal. Il n'est pas mauvais de se rappeler des morts et de prendre exemple sur leur vie. Mais nous ne pouvons pas les utiliser pour influencer Dieu.

3. Tu ne prendras point le nom de Dieu en vain

Dieu mérite totalement le respect. Nous ne devons pas rattacher son nom à nos paroles sous-entendant que nous parlons pour lui. Nous avons tort de jurer et particulièrement d'utiliser le nom de Dieu pour jurer. C'est aussi une insolence de notre part de dire : « Dieu m'a chargé de faire ceci » pour justifier nos désirs personnels. Prêter serment en utilisant le nom de Dieu afin que les autres croient que nous disons la vérité implique qu'en temps normal, nous racontons des mensonges. Utiliser le nom de Dieu pour manipuler ses semblables déshonore Dieu.

La sorcellerie, c'est une tentative pour manipuler Dieu ou l'homme en utilisant des pouvoirs spirituels. C'est une pratique mauvaise, qu'elle soit destinée à protéger ou à faire le mal. Dieu s'oppose clairement à toute forme de sorcellerie (Exode 21.18; Deutéronome 18.10; Michée 5.12; Galates 5.20). C'est une insulte à Dieu.

4. Observe le sabbat pour le sanctifier

L'Epître aux Hébreux explique l'importance du sabbat pour les chrétiens. Le sabbat est le symbole du repos en Dieu (la foi) qui donne le salut parfait. Les chapitres trois et quatre de Hébreux expliquent que nous n'entrons dans ce repos qu'une fois sanctifiés. Seule la sanctification permet d'expérimenter le repos que Dieu veut pour son peuple. Ceci veut dire que le quatrième commandement pourrait se lire ainsi: « Rappelle-toi de consacrer ta vie à Dieu et de laisser son esprit te sanctifier. »

Le sabbat est aussi un jour symbolique mis à part pour Dieu. En ce jour, le peuple adore et reçoit l'instruction de Dieu. Jésus dit que le sabbat est fait pour l'homme (Marc 2.27). En Matthieu 12.12, il dit aussi que c'est un jour pour faire le bien. Chez les chrétiens, ce jour est passé du samedi au dimanche, car le dimanche était le jour de la résurrection de Jésus. Par la suite, le dimanche fut appelé « Jour du Seigneur ». Nous devons consacrer ce jour à rendre gloire à Dieu et à apprendre de lui.

5. Honore ton père et ta mère

Le respect envers les anciens permet de construire une société stable et durable. L'irrespect a pour conséquence le chaos. Dans les commandements même, Dieu a mis l'accent sur cela en liant un tel respect à la durée « des jours dans le pays que l'Eternel ton Dieu te donne » (Exode 20.12).

6. Tu ne tueras point

Jésus nous explique en Matthieu 5.21 que le meurtre trouve sa source dans la haine. Si nous gardons ce commandement pour la vie, alors la haine et l'horreur du meurtre disparaîtront. Ceci n'est possible que si nous laissons l'esprit de Dieu purifier nos cœurs et nous remplir de son amour.

7. Tu ne commettras point d'adultère

L'adultère et la fornication. Dans Matthieu 5.27-32, Jésus nous explique que l'adultère commence avec le désir. Aussi, devons-nous nous garder de tels agissements. Paul nous fait ce rappel en 1 Thessaloniciens 4.3 : « Ce que Dieu veut, c'est votre sanctification ; c'est que vous vous absteniez de l'inconduite ».

Le divorce et la polygamie. La Bible considère le mariage comme un acte sacré, un lien qui ne peut être défait. « Je hais la répudiation », dit le Seigneur (Malachie 2.16). Le mariage unit l'homme et la femme en les faisant devenir une seule chair (Marc 10.8). Ceci veut dire que ce n'est pas dans le plan de Dieu que l'homme ait plusieurs femmes. Dès lors, l'Eglise du Nazaréen s'oppose fortement au divorce et à la polygamie (*Manuel,* paragraphe 35).

Le foyer. Le mariage doit constituer un foyer d'amour et de sécurité pour le mari, la femme et les enfants. Les maris doivent aimer et prendre soin de leur femme (Ephésiens 5.25). Les femmes doivent respecter leur mari (Ephésiens 5.33). Les enfants doivent apprendre à obéir (Ephésiens 6.1).

L'avortement. L'Eglise du Nazaréen reconnaît qu'il peut exister des situations particulières où un avortement est justifié. Cependant, nous nous opposons à l'avortement dû à des raisons de commodité (*Manuel*, paragraphe 36).

L'homosexualité. La Bible s'oppose à toutes les formes de perversion sexuelle (*Romains 1*.26-27). De telles pratiques sont totalement incompatibles avec la morale chrétienne (*Manuel*, paragraphe 37).

La pornographie. Nous recommandons une opposition ferme à la pornographie par tous les moyens légitimes, car c'est un mal qui sape les bases morales de la société (*Manuel*, paragraphe 903.10).

8. Tu ne voleras point

Il n'est pas possible d'être chrétien et de se livrer au vol, que ce soit par effraction ou par fraude. Dieu exige l'honnêteté de son peuple.

9. Tu ne porteras pas de faux témoignage

Jésus dit: « Que votre parole soit oui, oui, non, non; ce qu'on y ajoute vient du malin ». (Matthieu 5.37). L'honnêteté doit être véritable. Le chrétien doit dire la vérité. Il ne doit aucunement se livrer à la calomnie, aux commérages et au mensonge. Seul l'Esprit Saint peut dompter la langue (Jacques 3).

10. Tu ne convoiteras pas le bien d'autrui

La convoitise est le fait de désirer le bien d'autrui. C'est exactement le contraire du service. Un véritable serviteur veut aider son prochain et non pas prendre ce qui lui appartient. La convoitise détruit des réputations, des foyers et des vies. L'Esprit Saint veut détruire la cupidité qui est en nous pour faire de nous des serviteurs.

D'autres questions sur lesquelles l'église s'est penchée

La liberté humaine. Nous croyons que les libertés politiques et religieuses reposent sur les concepts bibliques de la dignité humaine et de la sainteté de la conscience individuelle. Nous encourageons nos membres à participer à l'activité politique pour le maintien de ces concepts bibliques (*Manuel* 903.6).

L'éducation. Nous croyons que l'éducation doit être accessible à tous. L'éducation publique doit être complétée par l'enseignement des principes bibliques, à la maison et à l'église (*Manuel* 33.5).

Race et discrimination. Nous croyons que tous les hommes sont créés d'un même sang. Tous les hommes doivent être égaux devant la loi et avoir les mêmes opportunités d'accès à l'éducation et à l'emploi. Les nazaréens peuvent transférer leur appartenance à toute église locale sans se soucier de la race ou de la couleur de la peau (*Manuel* 903.2)

Drogue. Nous déplorons tout usage de drogue qui ne fait pas suite à une prescription médicale. Nous nous opposons à l'usage, à la production et à la vente de tabac et d'alcool qui sont tous deux néfastes (*Manuel* 34.5, 6; 903.12).

Les sociétés secrètes. Leur caractère secret est en contradiction avec le principe chrétien de l'honnêteté et de la vérité. Les nazaréens ne soutiennent aucun groupement secret (*Manuel* 34.3).

Les jeux d'argent et les loteries. Les jeux d'argent sous toutes leurs formes nuisent au caractère responsable recommandé par Dieu. Nous nous opposons à de telles pratiques (*Manuel* 34.2).

Les divertissements. Les nazaréens doivent minutieusement sélectionner le genre de divertissements qui les intéressent, de peur que le mal ne pénètre dans leurs foyers, à travers la littérature, la télévision, et la radio. (*Manuel* 34.1)

L'église et l'état. Dieu a ordonné que les gouvernements instaurent l'ordre et le bien-être dans la société. C'est la responsabilité des nazaréens de « rendre à César » ce qui lui appartient. Il relève aussi de la responsabilité de l'église de participer à l'activité politique et de maintenir une norme de justice devant l'état (*Manuel* 903.3-4).

L'église et le changement. Nous déplorons l'usage de la violence pour résoudre les conflits dans le monde. Nous affirmons que Jésus est venu pour transformer les hommes et les préparer à l'éternité.

Donc, les chrétiens doivent s'impliquer dans le changement social. Un tel changement serait plus efficace s'il passait par une transformation intérieure de l'individu. Les historiens ont constaté que le mouvement du réveil au temps de John Wesley apporta un changement crucial en Angleterre. L'esclavage fut aboli grâce à ce mouvement du réveil. Le travail des enfants fut aboli et beaucoup d'autres abus cessèrent.

De même, il existe un lien profond entre l'abolition de l'esclavage aux Etats-Unis et le réveil de la sainteté au milieu des années 1850.

CHAPITRE 8
L'EGLISE CHRETIENNE

Comment l'Eglise chrétienne a-t-elle commencée ?

L'Eglise chrétienne vit le jour à la Pentecôte lorsque l'Esprit Saint descendit sur les disciples de Jésus pour les unir dans le grand corps du Christ que nous appelons l'Eglise.

Les racines de l'Eglise sont en Israël. Dieu passa des siècles à préparer la situation propice à la venue de son Fils, Jésus-Christ. Jésus né à Bethléem et élevé dans la Galilée méprisée, rassembla autour de lui un groupe d'hommes qu'il enseigna durant trois années. Il fit du bien à tant de gens et cependant fut condamné à mourir sur la croix pour avoir professé être le Fils de Dieu, parce que nous sommes des pécheurs incrédules. Ce groupe de disciples fut accablé par l'incroyable tournure que prenaient les événements. Au début de la semaine qui suivit, ils furent bouleversés par la nouvelle de sa résurrection. Cinquante jours plus tard, ils furent réunis en une église par l'effusion de l'Esprit Saint.

Seuls cent vingt (120) croyants furent rassemblés dans la chambre haute, le jour de la Pentecôte. Toutefois, le livre des Actes des apôtres rapporte comment le nombre des disciples augmenta quelques jours après la Pentecôte jusqu'à cinq mille. Cette croissance rapide continua à travers la Palestine pour atteindre l'empire romain et se propagea hors des limites même de l'empire, dans les régions les plus reculées.

Qu'entendons-nous par Eglise apostolique ?

Depuis le jour de la Pentecôte jusqu'à la mort du dernier apôtre de Jésus, l'Eglise était qualifiée d'apostolique. Nous croyons que Thomas apporta l'évangile en Inde. L'eunuque éthiopien apporta l'évangile dans son pays. D'autres disciples prêchèrent à Babylone, en Afrique du nord, en Europe et même jusqu'en Chine. La rude persécution des chefs juifs motiva cette évangélisation. Jacques fut décapité, Pierre emprisonné. Paul, l'un des chefs qui dirigea la persécution contre les chrétiens, se convertit et devint un grand leader chrétien, un missionnaire envoyé pour convertir les païens.

Comment a grandi l'Eglise ?

En se développant, l'Eglise prit un caractère différent dans chaque région. Jérusalem, Rome, Ephèse et l'Egypte devinrent les principaux centres de l'Eglise. Quelques fois, il y eut des désaccords entre ces groupes. La persécution sévit une fois de plus, mais cette fois-ci, elle fut l'œuvre de l'empereur romain César. En l'an 250 apr. J.-C., les romains décidèrent d'enrayer le christianisme en se livrant au massacre, à la torture et à l'esclavage des croyants. L'Eglise croissait mieux dans les endroits où elle subissait les plus dures persécutions. Les romains commencèrent à dire que le sang des martyrs donnait naissance à des nouveaux chrétiens. Lorsque l'empereur Constantin se convertit et devint chrétien, il légalisa le Christianisme qui en 392, fut déclaré religion officielle de l'empire. Malgré les grands avantages qui en découlèrent dans les domaines éducatif, social et politique, la dépendance ne reposait plus sur Dieu mais sur l'Etat.

Comment furent implantées les différentes églises ?

Entre les 5ème et 10ème siècles, différentes églises chrétiennes émergèrent, selon les régions. L'Eglise orthodoxe syrienne qui considérait Thomas comme son fondateur s'étendit de Babylone à l'Inde. L'Eglise copte s'étendit dans toute l'Afrique du Nord. L'Eglise éthiopienne qui est une branche de l'Eglise copte fut la plus isolée, du fait de sa localisation dans les régions montagneuses de l'Ethiopie. L'Eglise catholique s'étendit à travers l'empire romain mais fut ensuite divisée en deux : l'Eglise catholique orientale et l'Eglise catholique occidentale suite à la division de l'empire.

Les catholiques d'Orient prirent le nom d'orthodoxes et se divisèrent en branches orientale, grecque et russe. Les catholiques d'Occident devinrent les plus nombreux et s'unirent sous l'autorité de l'église de Rome. Ils se firent connaître sous le nom de Eglise catholique romaine. Le Pape, leur guide devint la plus puissante figure politique en Europe.

C'est pendant cette période qu'émergea la religion musulmane. Des soldats dévoués envahirent le Moyen-Orient et l'Afrique du nord, revendiquant la terre pour l'Islam. L'église en Afrique du nord et à Babylone disparut pratiquement. Le problème fut que le christianisme avait été imposé à tous les citoyens et quelques uns seulement avaient véritablement choisi d'être des disciples de Jésus.

L'église est-elle toujours restée fidèle à Dieu ?

Durant le Moyen-Age (1000-1400 apr. J.-C.), l'église domina la culture, l'éducation, la politique et les affaires en Europe. L'Europe gagna en puissance et au centre de son pouvoir, se trouvait le Pape. La vigueur spirituelle de l'église déclina. Depuis le Pape jusqu'au prêtre local, tous s'adonnèrent à la corruption et à l'abus de pouvoir. Les prêtres commencèrent à vendre le pardon des péchés afin de faire des bénéfices pour eux-mêmes, ou pour leur paroisse. Pour construire une nouvelle église à Rome, le Pape vendit le pardon de péchés non encore commis (appelé indulgences). Dieu se préparait à entrer en scène.

L'émergence des Protestants. Au sein de l'Eglise catholique, un grand nombre fut troublé par cette corruption. Ceux qui protestèrent furent impitoyablement écrasés d'autant que le Pape avait été déclaré comme l'autorité infaillible. L'allemand Martin Luther fut le premier à réussir dans son entreprise de protestation. Ce prêtre condamna ouvertement la vente des indulgences avant d'être conduit devant un tribunal et excommunié. Plusieurs chrétiens allemands, des gens ordinaires mais aussi des dirigeants apportèrent leur soutien à Luther. La Réforme protestante était née. La position de Luther rétablit la Bible à la place du Pape, comme l'autorité sur laquelle reposent la doctrine et la pratique chrétiennes. Il mit l'accent sur le fait que la justification s'obtient par la foi et non par le pardon accordé par un prêtre. Luther traduisit la Bible en allemand afin que tous puissent la lire.

Comment se sont développées les premières églises protestantes ?

A la suite de Luther, plusieurs autres leaders protestants émergèrent et s'alignèrent derrière Luther. La Bible fut traduite dans différentes langues. La plupart des dénominations se formèrent derrière différents leaders mais toutes reposaient sur l'autorité de la Bible.

L'Eglise luthérienne suivit Martin Luther et devint puissante en Allemagne et en Scandinavie.

Les institutions de la religion chrétienne écrites par Jean Calvin, eurent une influence majeure sur le mouvement protestant. La théologie calviniste domina la formation des églises réformées telles que l'Eglise hollandaise réformée et l'Eglise presbytérienne.

Les églises baptistes mirent l'accent sur le baptême vu comme une nécessité pour les chrétiens. Ils tolérèrent un grand nombre de positions théologiques bien que plusieurs suivirent l'Ecole réformée.

Les chefs de l'église catholique en Angleterre s'opposèrent farouchement à Luther. Le Pape distingua le roi d'Angleterre du titre de « Défenseur de la foi » pour avoir attaqué Luther. Plus tard, les disparités religieuses et politiques entre la royauté et la papauté résultèrent en une séparation entre l'Eglise d'Angleterre et l'Eglise catholique romaine. L'Eglise d'Angleterre devenue l'Eglise anglicane se rapprocha par la suite de la théologie protestante.

Les mouvements piétistes. Après avoir noté que la pureté et la sincérité étaient des préceptes essentiels dans la Bible, certaines églises protestantes avaient du mépris pour les rituels et les symboles, leur préférant l'intégrité personnelle et l'obéissance stricte à la parole de Dieu. Elles se firent connaître sous le nom de Piétistes. Les Quakers en Angleterre et les Moraves en Allemagne furent de ce groupe.

Comment la Réforme a-t-elle affecté l'église romaine?

Au début, l'Eglise catholique romaine s'acharna à éradiquer le mouvement protestant. Il s'en suivit des guerres. Le protestantisme fut interdit en Italie et en Espagne grâce à l'Inquisition. L'Eglise réformée fut presque écrasée par la classe moyenne française lors du massacre de la Saint-Barthélemy. En dépit de ce massacre, le protestantisme se propagea. Un appel au changement se fit entendre au sein de l'Eglise catholique, à la suite duquel une « Réforme catholique » fut décidée pour mettre fin aux terribles abus.

Qu'est ce qui fut au centre de la théologie protestante?

Le mouvement protestant instaura un intérêt nouveau pour la théologie. Quatre vérités fondamentales furent établies:

1. La Bible et non le Pape représente l'autorité de la doctrine et de la vie chrétienne.

2. Tous les chrétiens sont des prêtres et ont accès à Dieu.

3. Nous sommes sauvés par la foi en Jésus-Christ, non par les bonnes œuvres, ni en donnant de l'argent à l'église.

4. Les sacrements ne sont pas des formules magiques qui garantissent le salut mais plutôt des signes et des symboles de l'œuvre de Dieu dans le cœur du croyant.

James Arminius, un érudit de l'Eglise réformée hollandaise vit l'erreur dans le concept de prédestination de Jean Calvin. Les calvinistes enseignèrent que Dieu avait déjà décidé qui serait sauvé et qui serait condamné. Arminius vit que cette thèse n'était pas conforme à la Bible. Il enseigna donc que Dieu à travers l'Esprit Saint a donné à l'homme le droit de choisir.

John Wesley, un prêtre anglican qui recherchait une relation profonde avec Dieu subit l'influence d'Arminius et des Moraves. Il expérimenta une véritable transformation spirituelle et devint un puissant chef religieux. Le réveil se propagea à travers toute l'Angleterre et l'Amérique et ses adeptes furent connus sous le nom de Méthodistes à cause d'une étude et pratique méthodiques du christianisme. Il insista fortement sur la nécessité de la « perfection chrétienne » dans la vie de tous les disciples de Jésus.

Comment expliquer l'émergence des églises de la sainteté ?

Durant le 19e siècle, un grand mouvement de réveil de la sainteté se répandit aux Etats-Unis et en Grande Bretagne. Ses dirigeants provenaient de plusieurs dénominations – Beverley Carradine, Samuel Logan Brengle, Asa Mahon, Phoebe Palmer, Seth Rees, A.B. Simpson, Daniel Steele, Hannah Smith, A.M. Hills, pour ne citer que ceux là.

Ce siècle vit l'émergence d'organisations de la sainteté au service de toutes les dénominations. Des camps et des réunions à Keswick se multiplièrent. Les autorités des églises établies expulsèrent de leur église ces partisans « de la sainteté » à cause d'un malaise prévalant. Des églises de la sainteté se formèrent en plusieurs endroits. De nombreuses communautés de la sainteté virent le jour. Ces églises locales constituèrent des associations et des dénominations. La plupart fusionnèrent entre elles. La plus grande dénomination de la sainteté émergente fut l'Eglise du Nazaréen.

Quelle est la relation entre les églises pentecôtistes et celles de la sainteté ?

A l'origine, le mouvement pentecôtiste et celui de la sainteté furent difficiles à distinguer. Progressivement, il devint évident que les églises de la sainteté mettaient l'accent sur l'œuvre de l'Esprit Saint dans la transformation individuelle, alors que les églises pentecôtistes mettaient l'accent sur les signes extérieurs qui selon eux accompagnaient l'effusion de l'Esprit Saint. L'Eglise du Nazaréen supprima le mot pentecôtiste de son nom en 1919 pour clarifier que c'était une église de la sainteté qui suivait les traditions du mouvement wesleyen de la sainteté. Elles voulurent cette distinction car les églises pentecôtistes paraissaient plus intéressées par les signes extérieurs des expériences extatiques que par la compréhension théologique ou les vertus chrétiennes.

CHAPITRE 9
HISTOIRE DE L'EGLISE DU NAZAREEN

Le fondateur de l'Eglise du Nazaréen

Nous ne pouvons pas déclarer qu'une seule personne soit à l'origine de l'établissement de l'Eglise du Nazaréen. Différents leaders provenant de zones diverses s'engagèrent dans l'implantation de la dénomination. Néanmoins, le Dr Phineas Bresee est considéré généralement comme le père de l'église à cause du rôle considérable qu'il a joué.

Qui était le Dr Bresee ?

Il fut un pasteur méthodiste qui participa considérablement et régulièrement à la croissance des églises dont il fut le pasteur, en Iowa et en Californie (aux Etats-Unis). En Iowa, son église s'accrut de 678 nouveaux membres alors qu'en Californie, il y eut 856 dans trois différentes églises. Le Dr Bresee mit l'accent sur l'éducation et aida à la construction d'écoles et d'universités ; il siégea même au conseil d'administration de l'université de Caroline du sud. Trente sept années plus tard, son évêque l'obligea à choisir entre servir les membres de sa mission à Los Angeles ou diriger une congrégation méthodiste prospère. C'est avec un cœur plein d'une « tristesse insupportable » qu'il choisit de servir à la mission. Un de ses proches amis, le Dr J. P. Widney travailla avec lui. Ils donnèrent à la mission le nom d'« Eglise du Nazaréen ». Dans les années qui suivirent, le Dr Bresee travailla infatigablement pour unir sa congrégation avec les autres églises de la sainteté à travers les Etats-Unis d'Amérique.

La première fusion des églises de la sainteté en Amérique

La première église de la sainteté à intégrer l'Eglise du Nazaréen en 1887 se trouvait à Rhodes Island. Cette congrégation dirigée par F. A. Hillery, s'associa avec des congrégations de New York et prirent le nom de *Association of Pentecostal Churches of America* (Association des églises pentecôtistes d'Amérique). En 1907, elles constituaient 48 congrégations avec 2371 membres. Un brillant jeune homme H.F. Reynolds fut un de leurs leaders. Il allait devenir le « Monsieur Missions » de l'Eglise du Nazaréen.

La congrégation qui commença dans « l'étable de la gloire » de Bresee à Los Angeles, en 1895, s'élargit rapidement pour donner naissance à plusieurs nouvelles congrégations. Les évangélistes comme Bud Robinson et C.W. Ruth participèrent à ses actions. En 1898, la coordination devint nécessaire et Bresee produit le premier *Manuel de l'Eglise du Nazaréen.* En 1904, ils se divisèrent en districts puis organisèrent une Assemblée générale. En 1907, ils constituèrent 45 congrégations avec 3827 membres.

Les responsables de ces deux dénominations virent arriver l'heure de l'association. Cette fusion eut lieu en 1907 lors d'une Assemblée générale à Chicago. La nouvelle organisation fut dénommée Eglise du Nazaréen et s'inspira pour son gouvernement du modèle congrégationnel et épiscopal.

La seconde fusion au sein des dénominations de la sainteté

La guerre civile aux Etats-Unis d'Amérique ébranla sérieusement les relations entre les états du Nord et ceux du Sud. Les Sudistes en particulier haïssaient les nordistes. Le message de la sainteté eut un grand impact dans le Sud. En 1894, le *New Testament Church of Christ* (l'Eglise du Nouveau Testament de Christ) naquit sous la direction de R. L. Harris. En 1901, C.B. Jernigan fonda le *Independent Holiness Church* (l'Eglise Indépendante de la Sainteté). Elles s'unirent et devinrent en 1905 le *Holiness Church of Christ* (l'Eglise de la Sainteté de Christ). Elles se propagèrent rapidement à travers le Sud et bientôt, découvrirent les hommes de la sainteté du Nord-est et de l'Ouest. Le 8 octobre 1908, à Pilot-Point au Texas, des délégués de l'Eglise du Nazaréen rencontrèrent des délégués de l'Eglise de la Sainteté de Christ pour discuter de la possibilité d'une association en une dénomination unique. Au milieu de l'immense enthousiasme accru par la réconciliation nord-sud, les dénominations votèrent pour la fusion sous le nom de *Pentecostal Church of the Nazarene* (Eglise Pentecôtiste du Nazaréen).

La dénomination comptait alors 10414 membres. P.F. Bresee, H.F. Reynolds et E.P. Ellyson qui se trouvaient respectivement à l'Ouest, à l'Est et au Sud du pays initièrent le Conseil des surintendants généraux. Afin d'éviter toute identification avec le mouvement pentecôtiste, le terme pentecôtiste fut supprimé en 1919.

D'autres fusions suivirent

Peu après quelques années, plusieurs églises et organisations s'unirent avec l'Eglise du Nazaréen. Les plus importantes furent les groupes suivants :

• En 1915 : la *Pentecostal Mission* (Mission pentecôtiste). Leurs congrégations étaient présentes à travers les états sudistes des Etats-unis d'Amérique.

• Dans la mêmeannée, la *Pentecostal Church of Scotland* (Eglise Pentecôtiste d'Ecosse) dirigée par George Sharpe. Ce qui permit d'implanter la dénomination en Grande Bretagne. Leurs missionnaires David et Kanema Hynd ouvrirent un hôpital nazaréen à Manzini, au Swaziland.

• En 1922 : la *Laymen's Holiness Association* (Association de la Sainteté des Laïcs).

• En 1950 : la *Hephzibah Faith Missionary Association* (L'Association Hephzibah des Missionnaires de la Foi) parrainée en Amérique et basée en Afrique du Sud fusionna avec la dénomination.

• En 1952 : l'*International Holiness Mission* (Mission Internationale de la Sainteté) en Angleterre engagée dans une solide œuvre au sud de l'Afrique, rejoint la dénomination.

• En 1955 : La *Calvary Holiness Church* of England (Eglise de la Sainteté du Calvaire d'Angleterre).

• En 1958 : Le *Gospel Worker's Church* (Eglise des Ouvriers de l'Evangile du Canada.

• En 1988 : L'Eglise du Nazaréen au Nigeria. Celle-ci débuta sous la direction de responsables locaux suivant le *Manuel* de la dénomination.

De telles fusions furent et demeurent encore aujourd'hui un patrimoine important de l'œuvre de l'Eglise du Nazaréen, car elles permettent de rassembler le peuple de la sainteté à travers le monde.

La croissance de l'Eglise du Nazaréen

Durant les vingt premières années, l'Eglise du Nazaréen atteignit une croissance moyenne de 13% par an de 10000, elle passe à 100000 membres. Les fusions contribuèrent à cette croissance qui est due en grande partie aussi au développement naturel des églises individuelles. La croissance fut régulière mais lente pendant les décennies suivantes. L'église atteignit 350 000 membres en 1958 et 1600000 en 2006. L'Afrique compte actuellement plus de 300000 membres et a atteint un taux de croissance annuel de 14%.

L'organisation de l'Eglise du Nazaréen

Dieu a montré aux premiers dirigeants de l'Eglise du Nazaréen la direction pour les aider à mettre en place un système d'organisation constitué de deux tendances: démocratique et autoritaire. Ce système convenait aux leaders des congrégations presbytérienne, méthodiste, congrégationaliste, anglicane et indépendante. Chaque église locale élit son propre pasteur. Cependant, le choix doit porter sur des hommes accrédités par le district et être approuvé par le surintendant de district. Toutes les assemblées de district, les corps législatifs de l'église sont composés aussi bien de laïcs que de pasteurs parce que nous croyons que tous les membres ont accès à Dieu.

L'église au service des pauvres

La plupart des églises locales sont issues de milieux pauvres. Le message de la sainteté combat tous les esprits malfaisants qui maintiennent l'homme dans de telles situations de pauvreté. C'est pour cette raison que nos églises cessent généralement d'être pauvres.

Ainsi, l'église fait constamment l'effort spécial d'implanter des églises locales dans les zones pauvres. Actuellement, il y a une grande prise de conscience concernant le besoin d'étendre la mission dans les centres urbains du monde, négligées sur le plan spirituel.

L'Eglise du Nazaréen met la priorité sur l'éducation

L'éducation des jeunes a toujours fait l'objet d'une grande préoccupation dans l'Eglise du Nazaréen. La Bible insiste sur l'enseignement des jeunes dans la voie de Dieu. Nous prenons ce fait très au sérieux. En 1908, cinq écoles d'enseignement supérieur furent créées par la dénomination aux Etats-Unis. Aujourd'hui, 52 institutions supérieures de l'éducation dans le monde sont dirigées par la dénomination. 1 université, 4 collèges d'enseignement supérieur et 7 collèges bibliques existent en Afrique et plus d'une centaine de centres pour l'éducation décentralisée, des écoles techniques, des écoles supérieures et élémentaires.

L'Eglise du Nazaréen met la priorité sur la littérature

Les productions littéraires de la sainteté ont une importance capitale pour l'église. L'année 1908 a vu la production de huit publications, toutes différentes. Elles furent compilées en une publication officielle appelée *Holiness Today*. Ce journal servit à l'église de moyen d'informations principal. Une maison de publication fut créée ainsi que des ressources pour l'école du dimanche, la mission, la théologie et la méditation. Actuellement, le *Nazarene Publishing House* avec ses labels commerciaux: *Lillenas* pour la musique, *Beacon Hill* pour les œuvres générales est l'une des plus grandes maisons de publication chrétienne. Les Editions Foi et Sainteté produit du matériel pour l'école du dimanche, la jeunesse et les missions et une variété d'ouvrages religieux.

L'Eglise du Nazaréen met la priorité sur les missions

La sainteté et les missions vont de pair. En 1910, des missionnaires nazaréens étaient présents dans sept régions du monde: l'Afrique, l'Inde, le Japon, le Mexique, le Guatemala, le Cap-Vert et Cuba. Le conseil général fut établi afin de mieux organiser l'expansion de l'œuvre missionnaire. En 2005, l'église était présente dans 151 pays globalement constitués de 150 districts et de 17000 pasteurs. Les territoires sous ancienne domination communiste, en Europe et en Asie furent d'intéressantes zones de mission.

Quelques dirigeants nazaréens

Quelques-uns des plus grands dirigeants nazaréens furent:

Phineas F. Bresee fut un dirigeant fougueux, désireux de s'assurer que la gloire de Dieu habitait le cœur des hommes. James B. Chapman devint un exemple dans le rôle de surintendant général. Susan B. Fitkin valorisa le pouvoir des femmes dans l'œuvre évangélisatrice du monde. Elle fonda des missions et des hôpitaux. Bud Lunn apporta une contribution sans précédent à l'établissement et au fonctionnement de la *Nazarene Publishing House.*

Hiram F. Reynolds, le plus jeune premier surintendant général occupa la fonction de directeur de l'œuvre missionnaire pendant 25 ans. Bud Robinson, communément appelé « Oncle Bud » fut un prédicateur original qui réussit à surmonter les difficultés liées à son éducation et à son élocution et à devenir un puissant évangéliste dans l'église. Stephen S. White a fait du *Herald of Holiness* un important journal pour les nazaréens. Orton Wiley, éducateur, administrateur et théologien a fourni une base théologique à l'église.

Et pour terminer, tous ceux-là s'en sont allés pour recevoir leur récompense. Nous rendons grâce à Dieu pour la grande multitude qui sert présentement à travers le continent.

CHAPITRE 10
LES NAZAREENS TRAVAILLENT EN EQUIPE

L'église est le corps du Christ

Jésus a une œuvre à accomplir dans ce monde. Nous représentons son corps ; ses instruments pour accomplir cette œuvre. Il est important que tout le corps travaille ensemble. Pour ce faire, il est nécessaire que nous élaborions un système qui clarifie les relations et les responsabilités, les règlements et les objectifs. Le Manuel nous fournit des directives dans ce sens.

La structure de l'Eglise du Nazaréen

Il y a trois niveaux d'action dans l'église. Le premier niveau est dit local. Il s'agit de la congrégation elle-même et de son œuvre dans la communauté. Il représente les avant-postes de l'œuvre du Christ. C'est le point de mire dans l'accomplissement de l'œuvre du Christ.

Le second est le district ; c'est une association d'églises locales pour se soutenir, s'encourager mutuellement et travailler ensemble à l'œuvre d'implantation d'églises, à l'évangélisation et aux entreprises de la compassion dans les zones voisines non atteintes.

Les districts peuvent être regroupés en *régions* pour des raisons d'éducation et d'administration. Aujourd'hui, dans les différentes parties du monde, les régions pour la plupart connaissent une pleine croissance pour des raisons administratives. Mais dans les zones où l'église s'est établie depuis très longtemps, les régions forment des districts d'éducation.

Le troisième niveau est l'église générale. Les districts réunis en Assemblée générale décident du leadership, des règlements, de l'administration et des articles de foi. Le siège international se trouve à Lenexa, Kansas aux Etats-Unis d'Amérique. Il y a quinze régions du monde qui sont localisés dans des endroits stratégiques à travers le monde : la Région d'Afrique, la Région d'Asie pacifique, la Région du Canada, la Région des Caraïbes, la Région d'Eurasie, la Région du Mexique et de l'Amérique central, la Région de l'Amérique du Sud, et huit régions aux Etats-Unis d'Amérique.

L'Eglise Générale

L'église générale comprend trois sections : l'Assemblée générale, le conseil général et le conseil des surintendants généraux.

L'Assemblée générale est une réunion des délégués de tous les districts de l'Eglise du Nazaréen à travers le monde entier. C'est le plus grand corps législatif de l'église. Elle a lieu tous les quatre ans. Des milliers de personnes participent à l'Assemblée générale en qualité d'observateurs de même que pour assister aux grandes célébrations du culte. La moitié des délégués élus à l'Assemblée générale doivent être des laïcs, et l'autre moitié, d'anciens ordonnés. Certains officiels de l'église générale sont membres de l'assemblée.

Le rôle majeur de l'Assemblée générale est l'élection des surintendants généraux de l'église, l'élection des membres du conseil général et des autres conseils et officiels qui servent l'église générale; de même, elle agit sur les différentes résolutions soumises par les différentes autorités et districts appelant à une modification des politiques et du Manuel de l'église.

Le *Conseil des surintendants Généraux* regroupe six anciens élus par l'Assemblée générale. Ces anciens élus ont pour mission de superviser l'église mondiale. Ils président les comités, les conseils et les divisions majeurs de l'église. Ils président ou nomment le Président des assemblées de districts. Leur fonction la plus importante est vraisemblablement l'ordination des anciens ou diacres recommandés par les assemblées de districts.

Le *Conseil général* est composé d'un nombre égal d'anciens et de laïcs. Il est présidé par les surintendants généraux. Il a la responsabilité de veiller à l'application de la politique de l'église entre les assemblées générales. Il se réunit une fois par an.

L'équipe du siège international est chargé de l'exécution des politiques et est placé à la disposition du conseil général qui contrôle son budget. Il est divisé en départements pour la supervision de la politique des divisions assignées à certaines fonctions. Ces départements sont: la Croissance de l'Eglise, la Mission Mondiale, le Département des Finances, le Département de la Communication, la Maison des Publications Nazaréennes, le Conseil International de l'Education et les Ministères de l'Ecole du Dimanche.

Le *siège international* est l'équipe qui sert les surintendants généraux, le conseil général et les officiers de l'église générale. Il est constitué en départements (voir ci-dessus) présidé chacun par un directeur. Le Département dela Mission Mondiale est le plus vaste car il emploie quelques 600 missionnaires à travers le monde et soutient les activités d'évangélisation de la dénomination.

La région

La Région constitue un développement récent. La Région Afrique est un bon exemple de développement de la régionalisation. Ses bureaux sont une extension du siège international fait à cet effet pour mettre l'administration et les services de l'église générale à la disposition des districts et des églises en Afrique. Ses bureaux sont également une extension de la Mission Mondiale au siège international.

Le district

Le district de l'Eglise du Nazaréen comprend trois éléments : l'assemblée du district, le surintendant du district et les conseils du district. Voici une description des réglementations régissant les districts réguliers. De nouveaux districts commencent avec une organisation minimale et peuvent atteindre leur plein développement seulement s'ils obtiennent un statut régulier.

L'assemblée du district est la réunion annuelle des délégués de toutes les églises locales dans un district pour discuter des progrès et traiter les affaires du district. Cependant, il faut toujours garder à l'esprit que la préoccupation majeure du district est la proclamation de l'évangile. Chaque église élit des délégués parmi les laïcs. Les grands officiers de chaque église locale sont délégués d'office. Tous les anciens, les diacres et les missionnaires qui sont membres de l'église locale de ce district sont membres d'office de l'assemblée, investis du droit à la parole et du droit de vote au même titre que les délégués.

La fonction principale de l'assemblée du district est d'élire le surintendant du district, les différents conseils du district, d'élaborer des budgets et d'administrer le district suivant les règlements établis dans le *Manuel,* d'accorder des licences aux prédicateurs, aux pasteurs, aux évangélistes et autres tels les ouvriers non ordonnés de l'église, d'élire ceux qui remplissent toutes les conditions et qui sont recommandés à l'assemblée par les conseils appropriés et aux ordres des anciens ou diacres, d'élire des délégués à l'Assemblée générale.

Les *conseils du district.* Plusieurs conseils peuvent être organisés dans un grand district. Des districts pleinement organisés doivent avoir au moins deux conseils : le conseil consultatif du district et le conseil des créances ministérielles du district.

Le *conseil consultatif* peut remplacer tous les autres conseils sauf celui des créances ministérielles. Il assiste le surintendant du district dans l'administration du district. Il est composé de laïcs et de ministres.

Le *Conseil des créances ministérielles* est exclusivement composé d'anciens. Son rôle est de déterminer si un candidat pour une licence ou une ordination a les dons et les grâces requis et s'il s'est bien préparé à cet appel.

Le *Surintendant du district* a la charge d'administrer le district. Il conseille les ministres et les églises, approuve ou nomme des pasteurs, sert en guide dans l'implantation de nouvelles églises, organise, reconnaît et superviser les églises locales de son district. Il est le leader dont la vision et l'enthousiasme propulse le district en avant. Il aide ses pasteurs à remplir leur mission avec succès.

L'Eglise Locale

L'*église locale* est la plus importante structure de la dénomination. Toutes les autres structures sont faites pour garantir son succès. C'est dans l'église locale que se tiennent les cultes, la prière, les témoignages et l'enseignement ; le lieu où Dieu et l'homme se rencontrent pour la rédemption. Chaque église locale est dirigée par un pasteur assisté du conseil de l'église et éventuellement de tout autre conseil qui peut se révéler utile. La possibilité d'avoir plusieurs conseils ne peut être évitée. Le pasteur et les différents conseils et officiers de l'église locale soumettent leurs rapports lors de la réunion annuelle de l'église.

Les *réunions de l'église* doivent se tenir au moins une fois dans l'année pour traiter des affaires internes de l'église locale. Officiers et conseils sont élus et les rapports sur les progrès de l'église soumis. Des délégués sont élus lors de l'assemblée du district. Des réunions extraordinaires ont lieu si la congrégation a besoin de reconsidérer l'appel d'un pasteur. Tous les membres de l'église locale votent durant les réunions. Une église locale peut avoir autant de conseils et de comités que ceci est nécessaire.

Le c*onseil de l'église* est présidé par le pasteur et traite des affaires internes de l'église comme les salaires, les budgets, les propriétés et les édifices, etc. Son rôle majeur est de s'assurer que l'église accomplit le plan de Dieu pour son peuple. D'ordinaire, le conseil est composé au moins d'administrateurs qui s'occupent des biens de l'église et d'intendants qui s'occupent des ministères et des employés, particulièrement des pasteurs.

Le *comité d'évangélisation et des membres de l'église* est un organe indispensable dans l'église locale car il assure au pasteur des conseils sur la promotion de l'évangélisation et la conservation des fruits de l'évangélisation.

Le c*onseil des ministères de l'école du dimanche ou comité de l'éducation* est responsable du développement et de la mise en application des programmes d'éducation chrétienne nécessaires aux différents composants de l'église locale. Les écoles du dimanche et les activités pour la jeunesse sont essentielles.

La *Mission Nazaréenne Internationale* (M.N.I.) a la responsabilité d'entretenir la vision de la mission mondiale de l'église dans chaque congrégation. Le président de la Mission est membre du conseil de l'église et membre de l'assemblée du district.

La *Jeunesse Nazaréenne Internationale* (J.N.I.) est chargée de la planification du ministère des jeunes de 13 à 23 ans dans l'église locale. Le président de la J.N.I. est membre du conseil de l'église et de l'assemblée du district.

Le pasteur est à la tête de l'église. Il est responsable de la vie spirituelle et matérielle de l'église. Il guide, dirige et instruit son église. Il leur explique la parole de vérité. Il doit prêcher l'évangile, conduire régulièrement le culte, faire des visites, conseiller et amener les croyants à l'adhésion. Il est attentif aux besoins spirituels de ses brebis. Il doit baptiser les croyants, administrer la sainte cène et célébrer les dédicaces, les mariages puis enterrer ceux de sa congrégation.

L'église locale doit s'occuper du pasteur ; lui attribuer un salaire, une maison, une pension de retraite et lui offrir le soutien nécessaire pour supporter ses responsabilités. Une église locale peut avoir plusieurs pasteurs. Les intendants du conseil de l'église ont la responsabilité de s'assurer que les pasteurs sont soutenus au mieux des moyens de la congrégation. Il n'y aucune limite de salaire ni de bénéfices au profit du ou des pasteur(s).

Le membre de l'église. Chaque chrétien doit devenir un membre actif de l'église. Chacun doit trouver une place dans le service d'où il pourra faire sa part comme membre du corps du Christ. Le chapitre final présente les divers moyens par lesquels nous pouvons servir.

CHAPITRE 11
LA MISSION DE L'EGLISE

Le commandement de Jésus Christ

Jésus a dit à ses disciples (Matthieu 28.19-20; Marc 16.15; Luc 24.47) d'aller dans toutes les nations pour :

• Prêcher la bonne nouvelle à toute la création (afin qu'ils soient sauvés)

• Enseigner à tous, à observer les voies de Dieu (afin qu'ils connaissent la vérité)

• Former ceux qui croient (afin qu'ils puissent suivre Jésus)

• Baptiser les croyants (afin qu'ils s'unissent comme étant son corps).

Jésus a laissé à son église un plan d'action (Actes 1.8)

• Jérusalem (atteindre ceux qui sont proches de vous)

• Judée (atteindre vos voisins)

• Samarie (ne pas oublier vos voisins que vous méprisez)

• Le monde (la bonne nouvelle est pour tous).

Jésus n'a pas recommandé de gagner tout Jérusalem avant de toucher les autres zones. Il a clarifié que son message est destiné à tous et que notre vision doit se propager au-delà de nous-mêmes. Encore une fois, il ne s'adressait pas seulement aux apôtres, mais à tous les croyants. La responsabilité de témoigner revient à chacun.

La mission mondiale de l'église

L'Eglise du Nazaréen a toujours eu une mission mondiale. Nous croyons que tous les nazaréens doivent s'engager à servir Dieu dans leur église locale et participer à la proclamation de l'évangile dans le monde. La Mission Nazaréenne Internationale s'efforce de maintenir le cap sur la mission mondiale et encourage tous les nazaréens à participer. Il existe encore des pays qui n'ont jamais entendu le message de la sainteté (Romains 15.20). Les conseils des églises locales doivent trouver des opportunités ainsi que des moyens d'encourager le service au niveau local. Les districts peuvent nous aider dans nos entreprises de proclamation de la bonne nouvelle à nos voisins et à ceux qui sont éloignés. C'est une telle vision qui maintient l'église en vie.

En quoi la mission de l'église me concerne-t-elle ?

Le commandement de Jésus me rend responsable de l'évangélisation dans ma communauté, mon pays et mon monde. Aucun de nous n'a besoin qu'on lui rappelle combien notre monde est submergé par le mal. Nous détenons la réponse pour rétablir des foyers stables, des communautés honnêtes, des gouvernements de justice et la paix dans le monde. Ceci loin d'être de la naïveté, est un fait. Nous devons communiquer cette solution au monde sous la conduite de l'Esprit Saint.

Que puis-je faire ?

Quatre choses sont à noter. La première, je dois *être* la personne que Dieu veut que je sois. La deuxième, je dois *faire* le travail que Dieu m'a confié. La troisième, je dois *donner* comme Dieu me l'ordonne. La quatrième, je dois *obéir* lorsque Dieu m'appelle à exercer un service spécial.

Être

Il est impératif de se rappeler que la plus grande préoccupation de Dieu concernant ma vie n'est pas que je sois actif sinon que je laisse constamment l'Esprit Saint me façonner à l'image de Jésus Christ. L'esprit de service et d'obéissance est essentiel. Une personne fière et arrogante ou amère et difficile est un frein au bien-être du corps du Christ et à sa mission également.

Agir

Les dons accordés par l'Esprit Saint (Ephésiens 4.11-15) nous aident à connaître le service que nous pouvons accomplir dans l'église. Les besoins de l'église sont aussi des indicateurs des activités que je dois mener parce que je cherche à me rendre utile. Voici une liste d'opportunités qui peuvent se présenter :

L'ENSEIGNEMENT. Il y a un grand besoin d'ouvriers pour les écoles du dimanche et les études bibliques. Ceux-ci doivent posséder les dons de l'enseignement et être disposés à la préparation afin d'accomplir un service efficace.

LA VISITE DES MALADES. Tant de gens souffrent, soit de la solitude, soit de la maladie, soit ils ont besoin d'un encouragement spirituel. Il est utile d'avoir un ouvrier qui apporte la joie et la paix à ces personnes.

LE NETTOYAGE ET LES REPARATIONS sont un service important dans l'église mais pas facile. En effet, c'est un travail utile car il apporte la gloire au nom de Dieu ; il révèle notre respect pour Dieu et rend chaque chrétien fier de son église.

LA PRIERE. Le ministère d'intercession pour nos leaders, les services de l'église et ceux qui ont des besoins spirituels et physiques est un service qui peut-être exercé par les chrétiens ayant véritablement ce fardeau pour leur prochain. Des hommes et des femmes de prière fortifient une église.

L'HOSPITALITE. Chaque église a besoin de quelques personnes qui fassent bon accueil aux visiteurs et qui ouvrent leur cœur et leur maison à ceux qui ont besoin d'amitié, d'un toit ou de nourriture.

L'EVANGELISATION PERSONNELLE. Les chrétiens qui reçoivent le don pour être des ouvriers individuels doivent être formés pour former des disciples et évangéliser les autres. Leur participation aux services et aux ministères de l'église est toutefois nécessaire.

LA MUSIQUE. Une bonne louange accompagnée de bons instruments apporte une grande bénédiction. C'est un privilège de recevoir ce don. Chanter à l'église n'est pas un spectacle mais un ministère. Il nécessite une préparation adéquate ainsi que la prière car l'Esprit Saint utilise ces chantres comme des canaux pour bénir.

BONHEUR et JOIE. Tout chrétien peut et doit rendre des actions de grâce à Dieu. Une personne qui répand le bonheur et la joie autour d'elle est toujours une bénédiction pour l'église. Un esprit de murmure et de critique conduit à la destruction. L'un des meilleurs services que je peux accomplir dans l'église est d'être une personne remplie de joie.

Donner

Les nazaréens sont un peuple généreux parce que l'Esprit Saint les guide vers un style de vie de générosité. Nous nous attendons toujours à voir des nazaréens qui donnent joyeusement au Seigneur leurs dîmes et leurs offrandes. Nous investissons nos ressources dans l'œuvre du district, dans l'éducation de nos jeunes et dans les besoins d'évangélisation et d'œuvres de compassion de notre monde. Notre regret est que nous n'avons pas plus à donner.

Il ne s'agit pas seulement de donner de l'argent. Nous cultivons un esprit d'offrande qui inclut le temps et les talents aussi bien que les ressources. Les occasions de donner abondent grâce aux projets locaux ou de district et grâce aux équipes de *Work and Witness (*Travail et Témoignage) dans le monde.

Aller

Quelquefois, Dieu nous appelle à accomplir des travaux spéciaux dans l'église. Dans ces cas, c'est Dieu qui présente l'appel. L'église doit témoigner que la personne clamant un appel a les dons et les grâces nécessaires pour répondre à cet appel.

Quels appels l'église reconnaît-elle ?

Nous reconnaissons trois appels : l'appel à être un prédicateur, un diacre et un missionnaire. La prédication est l'appel de Dieu à accepter la responsabilité pastorale d'une église locale et à proclamer la bonne nouvelle. Un pasteur qualifié peut servir comme évangéliste ou même être élu comme surintendant du district ou surintendant général. Une telle personne est appelée ancien.

L'appel à être diacre signifie se donner dans le service de l'église à travers l'enseignement ou l'assistance au pasteur d'une église locale.

L'appel à être missionnaire signifie se donner pour apporter l'évangile aux autres cultures et à aller partout où Dieu conduit. Les missionnaires peuvent être des anciens, des diacres ou des laïcs servant comme ouvriers de compassion.

Comment saurais-je que Dieu m'appelle ?

Il n'y a pas un signe spécifique pour distinguer l'appel de Dieu. Votre conviction et votre appréciation personnelles des choix qui vous sont proposés font exclusivement partie de votre appel. Dieu peut vous donner une vision ou un signe spécial(e) mais ceci n'est pas chez Dieu une pratique habituelle. D'ordinaire, l'appel de Dieu transparaît à travers une conviction intérieure profonde. Les leaders de l'église peuvent apporter souvent leur aide pour la confirmation de notre appel.

Comment répondre à l'appel de Dieu ?

Je dois obéir à l'appel de Dieu et faire de son contentement le but de ma vie. La première étape est de parler à mon pasteur. Il me donnera des orientations pour les étapes suivantes. Je dois être actif (ve) dans mon église pour démontrer la réalité de mon appel. Mon église doit être convaincue de mon appel avant de me recommander au Conseil des Créances Ministérielles du District. Si mon appel concerne la mission, je devrai alors contacter le directeur de la région Afrique pour recevoir l'orientation de son bureau.

Quand Dieu appelle je dois me préparer

2 Timothée 2.15 explique que nous avons besoin d'une préparation pour accomplir notre mandat. Mieux je suis préparé, plus je serai utile à Dieu. Nous recommandons fortement à tous nos pasteurs d'avoir une formation dans un collège biblique. Une préparation adéquate nécessitera même beaucoup plus parce que nous devons être équipés au mieux de nos capacités.

Dieu nous aime et veut que nous soyons meilleurs. Il veut que nous soyons des gens forts et courageux et non des personnes spirituellement faibles. Nous pouvons lui faire totalement confiance pour diriger notre vie.

TABLE DE MATIERES

www.ingramcontent.com/pod-product-compliance
Lightning Source LLC
LaVergne TN
LVHW050937080826
845145LV00004B/1298

* 9 7 8 1 5 6 3 4 4 4 6 8 5 *